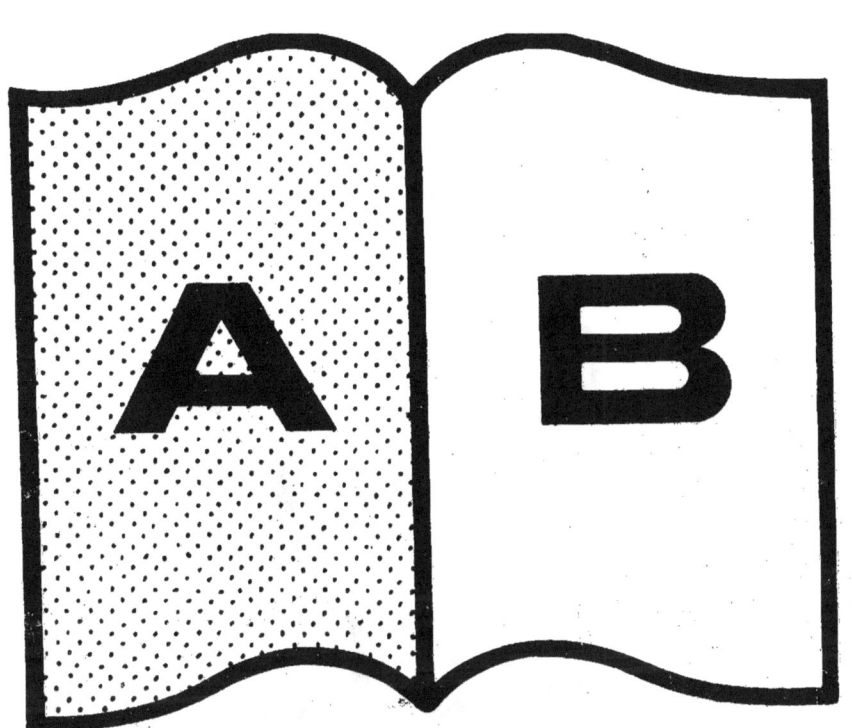

Contraste insuffisant

NF Z 43-120-14

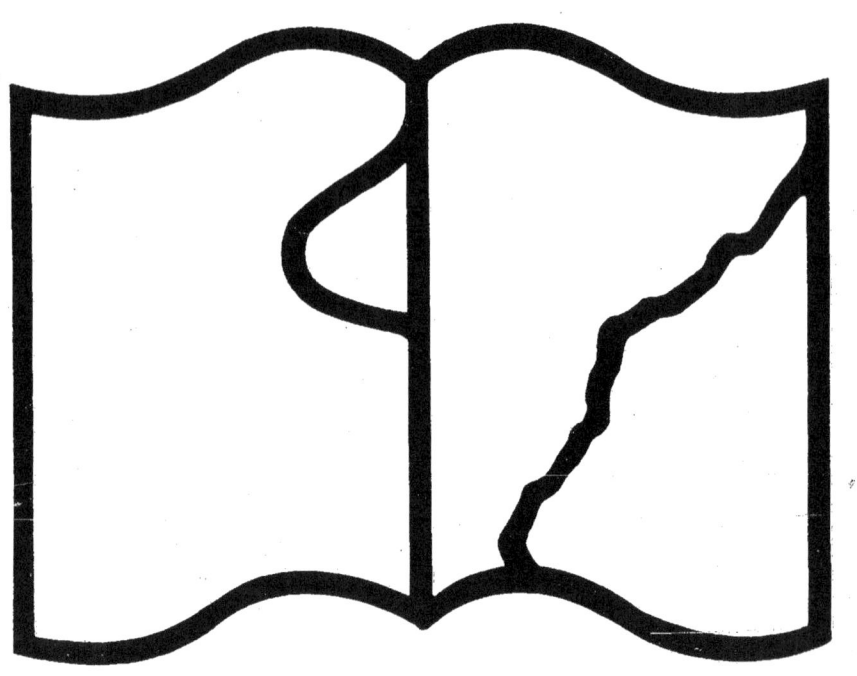

Texte détérioré — reliure défectueuse

NF Z 43-120-11

DISSERTATION
SUR
LA MUSIQUE
MODERNE.
Par M. ROUSSEAU.

Immutat animus ad pristina. — Lucr.

A PARIS,

Chez G. F. QUILLAU, Pere, Imprimeur-Juré-Libraire
de l'Université, rue Galande, près la Place-Maubert,
à l'Annonciation.

M. DCC. XLIII.

Avec Approbation & Privilége du Roy.

PREFACE.

S'IL est vrai que les circonstances & les préjugés décident souvent du sort d'un Ouvrage, jamais Auteur n'a dû plus craindre que moi. Le Public est aujourdui si indisposé contre tout ce qui s'appelle nouveauté; si rebuté de systêmes & de projets, surtout en fait de Musique, qu'il n'est plus guéres possible de lui rien offrir en ce genre sans s'exposer à l'effet de ses premiers mouvemens, c'est-à-dire, à se voir condanné sans être entendu.

D'ailleurs, il faudroit surmonter tant d'obstacles, réunis non par la raison, mais par l'habitude & les préjugés bien plus forts qu'elle, qu'il ne paroît pas possible de forcer de si puissantes barriéres; n'avoir que la raison pour soi, ce n'est pas combattre à armes égales, les préjugés sont presque toujours sûrs d'en triompher, & je ne connois que le seul intérêt capable de les vaincre à son tour.

PREFACE.

Je serois rassuré par cette dernière considération, si le public étoit toujours bien attentif à juger de ses vrais intérêts : mais il est pour l'ordinaire assez nonchalant pour en laisser la direction à gens qui en ont de tout opposés, & il aime mieux se plaindre éternellement d'être mal servi, que de se donner des soins pour l'être mieux.

C'est précisément ce qui arrive dans la Musique ; on se récrie sur la longueur des Maîtres & sur la difficulté de l'Art, & l'on rebute ceux qui proposent de l'éclaircir & de l'abréger. Tout le monde convient que les caractéres de la Musique sont dans un état d'imperfection peu proportionné aux progrès qu'on a faits dans les autres parties de cet Art : cependant on se défend contre toute proposition de les réformer comme contre un danger affreux : imaginer d'autres signes que ceux dont s'est servi le divin Lulli, est non-seulement la plus haute extravagance dont l'esprit humain soit capable, mais c'est encore une espéce de sacrilége. Lulli est un Dieu dont le doigt est venu fixer à jamais l'état de ces sacrés caractéres : bons ou mauvais, il n'importe, il faut qu'ils soient éternisés par ses ouvrages ; il n'est plus permis d'y toucher sans se rendre criminel, & il faudra au pied de la

PREFACE. iij

lettre que tous les jeunes Gens qui apprendront déformais la Musique payent un tribut de deux ou trois ans de peine au mérite de Lulli.

Si ce ne sont pas là les propres termes, c'est du moins le sens des objections que j'ai oui faire cent fois contre tout projet qui tendroit à réformer cette partie de la Musique. Quoi ! faudra-t-il jetter au feu tous nos Auteurs ? Tout renouveller ? La Lande, Bernier, Corelli ? Tout cela seroit donc perdu pour nous ? Où prendrions-nous de nouveaux Orphées pour nous en dédommager, & quels seroient les Musiciens qui voudroient se résoudre à redevenir Ecoliers ?

Je ne sçais pas bien comment l'entendent ceux qui font ces objections ; mais il me semble qu'en les réduisant en maximes, & en détaillant un peu les conséquences, on en feroit des aphorismes fort singuliers pour arrêter tout court le progrès des Lettres & des beaux Arts.

D'ailleurs, ce raisonnement porte absolument à faux, & l'établissement des nouveaux caractéres, bien loin de détruire les anciens Ouvrages, les conserveroit doublement, par les nouvelles Editions qu'on en feroit, & par les anciennes qui subsisteroient toujours. Quand on a traduit un Auteur, je ne vois pas la nécessité de jetter l'Original au feu. Ce n'est donc ni l'ouvrage en lui-même, ni les Exemplaires qu'on risqueroit de perdre, & remarquez, surtout, que quelqu'avantageux que pût être un nouveau système, il ne détruiroit jamais l'ancien avec assez de rapidité pour en abolir tout d'un coup l'usage ; les Livres en seroient usés avant que d'être inutiles, & quand ils ne serviroient que de ressource aux opiniâtres, on trouveroit toujours assez à les employer.

Je sçais que les Musiciens ne sont pas traitables sur ce chapitre. La Musique pour eux n'est pas la science des sons, c'est celle des noires, des blanches, des doubles croches, & dès que ces figures cesseroient d'affecter leurs yeux, ils ne croiroient jamais voir réellement de la Musique. La crainte de redevenir Ecoliers, & surtout le train de cette habitude qu'ils prennent pour la science même, leur feront toujours regarder avec mépris ou avec effroi tout ce qu'on leur proposeroit en ce genre. Il ne faut donc pas compter sur leur approbation ; il faut même compter sur toute leur résistance dans l'établissement des nouveaux caractéres, non pas comme bons ou comme mauvais en eux-mêmes, mais simplement comme nouveaux.

Je ne sçais quel auroit été le sentiment

particulier de Lulli sur ce point, mais je suis presque sûr qu'il étoit trop grand homme pour donner dans ces petitesses ; Lulli auroit senti que sa science ne tenoit point à des caractéres ; que ses sons ne cesseroient jamais d'être des sons divins quelques signes qu'on employât pour les exprimer, & qu'enfin, c'étoit toujours un service important à rendre à son Art & au progrès de ses Ouvrages, que de les publier dans une langue aussi énergique, mais plus facile à entendre, & qui par là deviendroit plus universelle, dût-il en coûter l'abandon de quelques vieux Exemplaires, dont assurément il n'auroit pas cru que le prix fut à comparer à la perfection générale de l'Art.

Le malheur est que ce n'est pas à des Lulli que nous avons à faire. Il est plus aisé d'hériter de sa science que de son génie. Je ne sçais pourquoi la Musique n'est pas amie du raisonnement, mais si ses Eléves sont si scandalisés de voir un Confrére réduire son Art en principes, l'approfondir, & le traiter méthodiquement, à plus forte raison ne souffriroient-ils pas qu'on osât attaquer les parties mêmes de cet Art.

Pour juger de la façon dont on y seroit reçû, on n'a qu'à se rappeller combien il a fallu d'années de lutte & d'opiniatreté pour substituer l'usage du *si* à ces grossiéres muances qui ne sont pas même encore abolies partout. On convenoit bien que l'Echelle étoit composée de sept sons différens, mais on ne pouvoit se persuader qu'il fut avantageux de leur donner à chacun un nom particulier puisqu'on ne s'en étoit pas avisé jusques-là, & que la Musique n'avoit pas laissé que d'aller son train.

Toutes ces difficultés sont présentes à mon esprit avec toute la force qu'elles peuvent avoir dans celui des Lecteurs. Malgré cela, je ne sçaurois croire qu'elles puissent tenir contre les vérités de démonstration que j'ai à établir. Que tous les systêmes qu'on a proposés en ce genre aient échoué jusqu'ici, je n'en suis point étonné : même à égalité d'avantages & de défauts l'ancienne méthode devoit sans contredit l'emporter, puisque pour détruire un systême établi, il faut que celui qu'on veut substituer lui soit préférable, non-seulement en les considérant chacun en soi-même & par ce qu'il a de propre, mais encore en joignant au premier toutes les raisons d'ancienneté & tous les préjugés qui le fortifient.

C'est ce cas de préférence où le mien me paroit être & où l'on reconnoîtra qu'il est en effet, s'il conserve les avantages de la méthode ordinaire, s'il en fauve les inconvéniens, & enfin s'il réfout les objections extérieures qu'on oppofe à toute nouveauté de ce genre, indépendamment de ce qu'elle eft en foi-même.

A l'égard des deux premiers points ils feront difcutés dans le corps de l'Ouvrage, & l'on ne peut fçavoir à quoi s'en tenir qu'après l'avoir lû; pour le troifiéme, rien n'eft fi fimple à décider. Il ne faut, pour cela, qu'expofer le but même de mon projet & les effets qui doivent réfulter de fon exécution.

Le fyftême que je propofe roule fur deux objets principaux. L'un de noter la Mufique & toutes fes difficultés d'une maniére plus fimple, plus commode, & fous un moindre volume.

Le fecond & le plus confidérable, eft de la rendre auffi aifée à apprendre qu'elle a été rebutante jufqu'à préfent, d'en réduire les fignes à un plus petit nombre fans rien retrancher de l'expreffion, & d'en abréger les régles de façon à faire un jeu de la théorie, & à n'en rendre la pratique dépendante que de l'habitude des organes, fans que la difficulté de la notte y puiffe jamais entrer pour rien.

Il eft aifé de juftifier par l'expérience

qu'on apprend la Musique en deux & trois fois moins de tems par ma méthode que par la méthode ordinaire, que les Musiciens formés par elle seront plus sûrs que les autres à égalité de science, & qu'enfin sa facilité est telle que quand on voudroit s'en tenir à la Musique ordinaire, il faudroit toujours commencer par la mienne pour y parvenir plus sûrement & en moins de tems. Proposition qui toute paradoxe qu'elle paroît, ne laisse pas d'être exactement vraie, tant par le fait que par la démonstration. Or ces faits supposés vrais, toutes les objections tombent d'elles-mêmes & sans ressource. En premier lieu ; la Musique nottée suivant l'ancien système ne sera point inutile, & il ne faudra point se tourmenter pour la jetter au feu, puisque les Eléves de ma méthode parviendront à chanter à livre ouvert sur la Musique ordinaire en moins de tems encore, y compris celui qu'ils auront donné à la mienne, qu'on ne le fait communément ; comme ils sçauront donc également l'une & l'autre sans y avoir employé plus de tems, on ne pourra pas déja dire à l'égard de ceux-là que l'ancienne Musique est inutile.

Supposons des Ecoliers qui n'aient pas des années à sacrifier, & qui veuillent bien

PREFACE. ix

se contenter de sçavoir en sept ou huit mois de tems chanter à livre ouvert sur ma notte, je dis que la Musique ordinaire ne sera pas même perdue pour eux. A la vérité, au bout de ce tems-là, ils ne la sçauront pas exécuter à livre ouvert : peut-être, même, ne la déchiffreront-ils pas sans peine : mais enfin, ils la déchiffreront ; car, comme ils auront d'ailleurs l'habitude de la mesure & celle de l'intonation, il suffira de sacrifier cinq ou six leçons dans le septiéme mois à leur en expliquer les principes par ceux qui leur seront déja connus, pour les mettre en état d'y parvenir aisément par eux-mêmes, & sans le secours d'aucun Maître ; & quand ils ne voudroient pas se donner ce soin, toujours seront-ils capables de traduire sur le champ toute sorte de Musique par la leur, & par conséquent, ils seroient en état d'en tirer parti, même dans un tems où elle est encore indéchiffrable pour les Ecoliers ordinaires.

Les Maîtres ne doivent pas craindre de redevenir Ecoliers : ma méthode est si simple qu'elle n'a besoin que d'être lûe & non pas étudiée, & j'ai lieu de croire que les difficultés qu'ils y trouveroient viendroient plus des dispositions de leur esprit que de l'obscurité du système, puisque des Dames à qui

PREFACE.

j'ai eu l'honneur de l'expliquer ont chanté fur le champ & à livre ouvert de la Mufique nottée fuivant cette méthode, & ont elles-mêmes notté des airs fort correctement, tandis que des Muficiens du premier ordre auroient, peut-être, affecté de n'y rien comprendre.

Les Muficiens, je dis du moins le plus grand nombre, ne fe piquent guéres de juger des chofes fans préjugés & fans paffion, & communément ils les confidérent bien moins par ce qu'elles font en elles-mêmes, que par le raport qu'elles peuvent avoir à leur intérêt. Il eft vrai que même en ce fens-là, ils n'auroient nul fujet de s'oppofer au fuccès de mon fyftême, puifque dès qu'il eft publié ils en font les maîtres auffibien que moi, & que la facilité qu'il introduit dans la Mufique devant naturellement lui donner un cours plus univerfel, ils n'en feront que plus occupés en contribuant à le répandre. Il eft cependant très probable qu'ils ne s'y livreront pas les premiers, & qu'il n'y a que le goût décidé du public qui puiffe les engager à cultiver un fyftême dont les avantages paroiffent autant d'innovations dangereufes contre la difficulté de leur Art.

Quand je parle des Muficiens en général,

PREFACE.

je ne prétens point y confondre ceux d'entre ces Messieurs qui font l'honneur de cet Art par leur caractére & par leurs lumiéres. Il n'est que trop connu que ce qu'on appelle peuple domine toujours par le nombre dans toutes les sociétés & dans tous les états; mais il ne l'est pas moins qu'il y a partout des exceptions honorables, & tout ce qu'on pourroit dire en particulier contre la profession de la Musique, c'est que le peuple y est, peut-être, un peu plus nombreux, & les exceptions plus rares.

Quoiqu'il en soit; quand on voudroit supposer & grossir tous les obstacles qui peuvent arrêter l'effet de mon projet, on ne sçauroit nier ce fait plus clair que le jour, qu'il y a dans Paris deux & trois mille personnes, qui, avec beaucoup de dispositions, n'apprendront jamais la Musique, par l'unique raison de sa longueur & de sa difficulté. Quand je n'aurois travaillé que pour ceux-là, voila déja une utilité sans replique; & qu'on ne dise pas que cette méthode ne leur servira de rien pour exécuter sur la Musique ordinaire : Car, outre que j'ai déja répondu à cette objection ; il sera d'autant moins nécessaire pour eux d'y avoir recours qu'on aura soin de leur donner des Editions des meilleures piéces de Musique de toute espéce & des recueils périodiques d'Airs à chanter & de symphonies, en attendant que le système soit assez répandu pour en rendre l'usage universel.

Enfin, si l'on outroit assez la défiance pour s'imaginer que personne n'adopteroit mon système, je dis que même dans ce cas là, il seroit encore avantageux aux amateurs de l'Art de le cultiver pour leur commodité particuliére. Les Exemples qu'on trouve nottés à la fin de cet Ouvrage feront assez comprendre les avantages de mes signes sur les signes ordinaires, soit pour la facilité, soit pour la précision. On peut avoir en cent occasions des Airs à notter sans papier réglé ; ma méthode vous en donne un moyen très-commode & très-simple. Voulez-vous envoyer en Province des Airs nouveaux, des scénes entiéres d'Opera sans augmenter le volume de vos lettres ? Vous pouvez écrire sur la même feuille de très-longs morceaux de Musique. Voulez-vous en composant peindre aux yeux le raport de vos parties, le progrès de vos accords, & tout l'état de votre harmonie ? La pratique de mon système satisfait à tout cela, & je conclus enfin qu'à ne considérer ma méthode que comme cette langue particuliére des Prêtres

Egyptiens, qui ne fervoit qu'à traiter des fciences fublimes, elle feroit encore infiniment inutile aux initiés dans la Mufique, avec cette différence, qu'au lieu d'être plus difficile, elle feroit plus aifée que la langue ordinaire, & ne pourroit, par conféquent, être longtems un myftére pour le public.

Il ne faut point regarder mon fyftême comme un projet tendant à détruire les anciens caractéres. Je veux croire que cette entreprife feroit chimérique, même avec la fubftitution la plus avantageufe ; mais je crois auffi que la commodité des miens, & furtout leur extrême facilité méritent toujours qu'on les cultive indépendamment de ce que les autres pourront devenir.

Au refte, dans l'état d'imperfection où font depuis fi longtems les fignes de la Mufique, il n'eft point extraordinaire que plufieurs perfonnes aient tenté de les refondre ou de les corriger. Il n'eft pas même bien étonnant que plufieurs fe foient rencontrés dans le choix des fignes les plus naturels & les plus propres à cette fubftitution, tels que font les chiffres. Cependant, comme la plûpart des hommes ne jugent guéres des chofes que fur le premier coup d'œil, il pourra très-bien arriver que par cette unique raifon de l'ufage des mêmes caracterès on m'accufera de n'avoir fait que copier, & de donner ici un fyftême renouvellé. J'avoue qu'il eft aifé de fentir que c'eft bien moins le genre des fignes que la maniére de les employer qui conftitue la différence en fait de fyftêmes : autrement, il faudroit dire, par exemple, que l'Algébre & la Langue Françoife ne font que la même chofe parce qu'on s'y fert également des lettres de l'Alphabet ; mais cette réflexion ne fera pas probablement celle qui l'emportera ; & il paroît fi heureux par une feule objection de m'ôter à la fois le mérite de l'invention, & de mettre fur mon compte les vices des autres fyftêmes, qu'il eft des gens capables d'adopter cette critique uniquement à raifon de fa commodité.

Quoi qu'un pareil reproche ne me fut pas tout-à-fait indifférent, j'y ferois bien moins fenfible qu'à ceux qui pourroient tomber directement fur mon fyftême. Il importe beaucoup plus de fçavoir s'il eft avantageux, que d'en bien connoître l'Auteur ; & quand on me refuferoit l'honneur de l'invention, je ferois moins touché de cette injuftice que du plaifir de le voir utile au public. La feule grace que j'ai droit de lui demander & que peu de gens m'accorderont, c'eft de vouloir bien n'en juger qu'après avoir lû mon Ouvrage & ceux qu'on m'accuseroit d'avoir copiés.

J'avois d'abord résolu de ne donner ici qu'un plan très-abrégé, & tel, à peu-près, qu'il étoit contenu dans le Mémoire que j'eus l'honneur de lire à l'Académie Royale des Sciences le 22 Août 1742. J'ai réfléchi cependant, qu'il falloit parler au Public autrement qu'on ne parle à une Académie, & qu'il y avoit bien des objections de toute espéce à prévenir. Pour répondre donc à celles que j'ai pu prévoir, il a fallu faire quelques additions qui ont mis mon Ouvrage en l'état où le voilà. J'attendrai l'approbation du Public pour en donner un autre qui contiendra les principes absolus de ma méthode, tels qu'ils doivent être enseignés aux Ecoliers. J'y traiterai d'une nouvelle maniére de chiffrer l'accompagnement de l'Orgue & du Clavecin entiérement différente de tout ce qui a paru jusqu'ici dans ce genre, & telle qu'avec quatre signes seulement je chiffre toute sorte de Basses continues, de maniére à rendre la modulation & la Basse-fondamentale toujours parfaitement connues de l'Accompagnateur, sans qu'il lui soit possible de s'y tromper. Suivant cette méthode, on peut, sans voir la Basse-figurée, accompagner très-juste par les chiffres seuls, qui au lieu d'avoir raport à cette Basse-figurée, l'ont directement à la fondamentale ; mais ce n'est pas ici le lieu d'en dire davantage sur cet article.

DISSERTATION

DISSERTATION
SUR LA
MUSIQUE MODERNE.

IL paroit étonnant que les signes de la Musique étant restés aussi longtems dans l'état d'imperfection où nous les voyons encore aujourdui, la difficulté de l'apprendre n'ait pas averti le public que c'étoit la faute des caractéres & non pas celle de l'Art, ou, que s'en étant apperçu, on n'ait pas daigné y remédier. Il est vrai qu'on a donné souvent des projets en ce genre : mais de tous ces projets, qui, sans avoir les avantages de la Musique ordinaire en avoient les inconvéniens, aucun, que je sçache, n'a jusqu'ici touché le but ; soit qu'une pratique trop superficielle ait fait échoüer ceux qui l'ont voulu considérer théoriquement, soit que le génie étroit & borné des Musiciens ordinaires les ait empêchés d'embrasser un plan général & raisonné, & de sentir les vrais défauts de leur Art, de la perfection actuelle duquel ils sont, pour l'ordinaire, très-entêtés.

La Musique a eu le sort des Arts qui ne se perfe-

B

ctionnent que succeſſivement. Les inventeurs de ſes caractéres n'ont ſongé qu'à l'état où elle ſe trouvoit de leur tems, ſans prévoir celui où elle pouvoit parvenir dans la ſuite. Il eſt arrivé delà que leur ſyſtême s'eſt bientôt trouvé défectueux, & d'autant plus défectueux que l'Art s'eſt plus perfectionné. A meſure qu'on avançoit, on établiſſoit des régles pour remédier aux inconvéniens préſens, & pour multiplier une expreſſion trop bornée, qui ne pouvoit ſuffire aux nouvelles combinaiſons dont on la chargeoit tous les jours. En un mot : les inventeurs en ce genre, comme ledit M. Sauveur, n'ayant eu en vûe que quelques propriétés des ſons, & ſurtout, la pratique du Chant qui étoit en uſage de leur tems, ils ſe ſont contentés de faire, par raport à cela, des ſyſtêmes de Muſique que d'autres ont peu à peu changés à meſure que le goût de la Muſique changeoit. Or il n'eſt pas poſſible qu'un ſyſtême, fût-il d'ailleurs le meilleur du monde dans ſon origine, ne ſe charge à la fin d'embarras & de difficultés par les changemens qu'on y fait & les chevilles qu'on y ajoute, & cela ne ſçauroit jamais faire qu'un tout fort embrouillé & fort mal aſſorti.

C'eſt le cas de la méthode que nous pratiquons aujourdui dans la Muſique, en exceptant, cependant, la ſimplicité du principe qui ne s'y eſt jamais rencontrée. Comme le fondement en eſt abſolument mauvais, on ne l'a pas proprement gâté, on n'a fait que le rendre pire, par les additions qu'on a été contraint d'y faire.

Il n'eſt pas aiſé de ſçavoir préciſément en quel état étoit la Muſique, quand Gui d'Arezze * s'aviſa de

---

* Soit Gui d'Arezze, ſoit Jean de Mure, le nom de l'Auteur ne fait rien au ſyſtême, & je ne parle du premier que parce qu'il eſt plus connu.

supprimer tous les caractéres qu'on y employoit, pour leur substituer les nottes qui sont en usage aujourdui. Ce qu'il y a de vraisemblable, c'est que ces premiers caractéres étoient les mêmes avec lesquels les anciens Grecs exprimoient cette Musique merveilleuse, de laquelle, quoiqu'on en dise, la nôtre n'approchera jamais quand à ses effets; & ce qu'il y a de sûr, c'est que Gui rendit un fort mauvais service à la Musique, & qu'il est fâcheux pour nous qu'il n'ait pas trouvé en son chemin des Musiciens aussi indociles que ceux d'aujourdui.

Il n'est pas douteux que les lettres de l'Alphabet des Grecs, ne fussent en même-tems les caractéres de leur Musique, & les chiffres de leur Arithmétique : de sorte qu'ils n'avoient besoin que d'une seule espéce de signes, en tout au nombre de vingt-quatre, pour exprimer toutes les variations du discours, tous les raports des nombres, & toutes les combinaisons des sons ; en quoi ils étoient bien plus sages ou plus heureux que nous, qui sommes contraints de travailler notre imagination sur une multitude de signes inutilement diversifiés.

Mais, pour ne m'arrêter qu'à ce qui regarde mon sujet, comment se peut-il qu'on ne s'apperçoive point de cette foule de difficultés que l'usage des nottes a introduites dans la Musique, ou que, s'en appercevant on n'ait pas le courage d'en tenter le reméde, d'essayer de la ramener à sa premiére simplicité, & en un mot, de faire pour sa perfection ce que Gui d'Arezze a fait pour la gâter : car, en vérité, c'est le mot, & je le dis malgré moi.

J'ai voulu chercher les raisons dont cet Auteur dût se servir pour faire abolir l'ancien systême en faveur du sien, & je n'en ai jamais pu trouver d'autres que les deux fuivantes. 1. Les nottes font plus apparentes que les chiffres. 2. Et leur pofition exprime mieux à la vûe la hauteur en l'abbaiffement des fons. Voilà donc les feuls principes fur lefquels notre Aretin bâtit un nouveau fyftême de Mufique, anéantit toute celle qui étoit en ufage depuis deux mille ans, & apprit aux hommes à chanter difficilement.

Pour trouver fi Gui raifonnoit jufte, même en admettant la vérité de fes deux propofitions, la queftion fe réduiroit à fçavoir fi les yeux doivent être ménagés aux dépens de l'efprit, & fi la perfection d'une méthode confifte à en rendre les fignes plus fenfibles en les rendant plus embarraffans : car c'eft précifément le cas de la fienne.

Mais nous fommes difpenfés d'entrer là-deffus en difcuffion, puifque ces deux propofitions étant également fauffes & ridicules, elles n'ont jamais pu fervir de fondement qu'à un très-mauvais fyftême.

En premier lieu ; on voit d'abord que les nottes de la Mufique rempliffant beaucoup plus de place que les chiffres auxquels on les fubftituë, on peut, en faifant ces chiffres beaucoup plus gros, les rendre du moins auffi vifibles que les nottes, fans occuper plus de volume. On voit, de plus, que la Mufique nottée ayant des points, des quarts de foupirs, des lignes, des clefs, des Diéfes, & d'autres fignes néceffaires autant & plus menus que les chiffres, c'eft par ces fignes-là, & non par la groffeur des nottes, qu'il faut déterminer le point de vûe.

En fecond lieu ; Gui ne devoit pas faire fonner fi haut l'utilité de la pofition des nottes : puifque, fans parler de cette foule d'inconvéniens dont elle eft la caufe, l'avantage qu'elle procure fe trouve déja tout entier dans la Mufique naturelle : c'eft-à-dire, dans la Musique par chiffres; on y voit du premier coup d'œil, de même qu'à l'autre, si un son est plus haut ou plus bas que celui qui le précéde ou que celui qui le suit, avec cette différence seulement que dans la méthode des chiffres, l'intervalle, ou le rapport des deux sons qui le composent, est précisément connu par la seule inspection; au lieu que dans la Musique ordinaire vous connoissez à l'œil qu'il faut monter ou descendre, & vous ne connoissez rien de plus.

On ne sçauroit croire quelle application, quelle persévérance, & quelle adroite mécanique est nécessaire dans le sistême établi, pour acquérir passablement la science des intervalles & des raports : c'est l'ouvrage pénible d'une habitude toujours trop longue & jamais assez étendüe, puisqu'après une pratique de quinze & vingt ans le Musicien trouve encore des sauts qui l'embarrassent, non-seulement quant à l'intonation, mais encore quant à la connoissance de l'intervalle, surtout, lorsqu'il est question de sauter d'une clé à l'autre. Cet article mérite d'être approfondi, & j'en parlerai plus au long.

Le sistême de Gui est tout à fait comparable, quant à son idée, à celui d'un homme qui, ayant fait réflexion que les chiffres n'ont rien dans leurs figures qui réponde à leurs différentes valeurs, proposeroit d'établir entr'eux une certaine grosseur relative, & proportionnelle aux nombres qu'ils expriment. Le deux, par exemple, seroit du double plus gros que l'unité, le trois de la moitié plus gros que le deux, & ainsi de suite. Les défenseurs de ce sistême ne manqueroient pas de vous prouver qu'il est très-avantageux dans l'Arithmétique d'avoir sous les yeux des caractéres uniformes qui, sans aucune dif-

B iij

férence par la figure, n'en auroient que par la grandeur, & peindroient en quelque sorte aux yeux les raports dont ils seroient l'expression.

Au reste; cette connoissance oculaire des hauts, des bas, & des intervalles est si nécessaire dans la Musique, qu'il n'y a personne qui ne sente le ridicule de certains projets qui ont été quelquefois donnés pour notter sur une seule ligne, par les caractéres les plus bizarres, les plus mal imaginés, & les moins analogues à leur signification ; des queuës tournées à droite, à gauche, en haut, en bas, & de biais dans tous les sens pour représenter des *Ut*, des *Re*, des *Mi*, &c. Des têtes & des queuës différemment situées pour répondre aux dénominations, *Pa*, *ra*, *ga*, *so*, *bo*, *lo*, *do*, ou d'autres signes tout aussi singuliérement appliqués. On sent d'abord que tout cela ne dit rien aux yeux & n'a nul raport à ce qu'il doit signifier, & j'ose dire que les hommes ne trouveront jamais de caractéres convenables ni naturels que les seuls chiffres pour exprimer les sons & tous leurs raports. On en connoîtra mille fois les raisons dans le cours de cette lecture ; en attendant, il suffit de remarquer que les chiffres étant l'expression qu'on a données aux nombres, & les nombres eux-mêmes étant les exposans de la génération des sons, rien n'est si naturel que l'expression des divers sons par les chiffres de l'Arithmétique.

Il ne faut donc pas être surpris qu'on ait tenté quelquefois de ramener la Musique à cette expression naturelle. Pour peu qu'on réfléchisse sur cet Art, non en Musicien, mais en Philosophe, on en sent bientôt les défauts : l'on sent encore que ces défauts sont inhérens au fond même du système, & dépendans uniquement du mauvais choix & non pas du mauvais usage de ses caractéres : car, d'ailleurs, on ne sçauroit disconvenir qu'une longue pratique suppléant en cela au raisonnement, ne nous ait appris à les combiner de la maniére la plus avantageuse qu'ils peuvent l'être.

Enfin, le raisonnement nous méne encore jusqu'à connoître sensiblement que la Musique dépendant des nombres elle devroit avoir la même expression qu'eux : nécessité qui ne naît pas seulement d'une certaine convenance générale, mais du fond même des principes physiques de cet Art.

Quand on est une fois parvenu-là, par une suite de raisonnemens bien fondés & bien conséquens, c'est alors qu'il faut quitter la Philosophie & redevenir Musicien, & c'est justement ce que n'ont fait aucun de ceux qui jusqu'à présent ont proposé des systêmes en ce genre. Les uns, partant quelquefois d'une théorie très-fine n'ont jamais sçû venir à bout de la ramener à l'usage, & les autres, n'embrassant proprement que le méchanique de leur Art, n'ont pu remonter jusqu'aux grands principes qu'ils ne connoissoient pas, & d'où cependant, il faut nécessairement partir pour embrasser un systême lié. Le défaut de pratique dans les uns, le défaut de théorie dans les autres, & peut-être, s'il faut le dire, le défaut de génie dans tous, ont fait que jusqu'à présent aucun des projets qu'on a publiés n'a remédié aux inconvéniens de la Musique ordinaire, en conservant ses avantages.

Ce n'est pas qu'il se trouve une grande difficulté dans l'expression des sons par les chiffres, puisqu'on pourroit toujours les représenter en nombre, ou par les dégrés de leurs intervalles, ou par les raports de leurs vibrations ; mais l'embarras d'employer une certaine multitude de chiffres sans ramener les inconvéniens de la Musique ordinaire, & le besoin de fixer le genre & la progression des sons par raport à tous les différens modes, demandent plus d'attention qu'il ne paroît d'abord : car la question est proprement de trouver une méthode générale pour représenter, avec un très-petit nombre de caractéres, tous les sons de la Musique considérés dans chacun des vingt-quatre modes.

Mais la grande difficulté où tous les inventeurs de systêmes ont échoué, c'est celle de l'expression des différentes durées des silences & des sons. Trompés par les fausses régles de la Musique ordinaire, ils n'ont jamais pu s'élever au-dessus de l'idée des rondes, des noires & des croches ; ils se sont rendus les esclaves de cette méchanique, ils ont adopté les mauvaises rélations qu'elle établit : ainsi, pour donner aux nottes des valeurs déterminées, il a fallu inventer de nouveaux signes, introduire dans chaque notte une complication de figures, par raport à la durée, & par raport au son, d'où s'ensuivant des inconvéniens que n'a pas la Musique ordinaire, c'est avec raison que toutes ces méthodes sont tombées dans le décri ; mais enfin, les défauts de cet Art n'en subsistent pas moins pour avoir été comparés avec des défauts plus grands, & quand on publieroit encore mille méthodes plus mauvaises, on en seroit toujours au même point de la question, & tout cela ne rendroit pas plus parfaite celle que nous pratiquons aujourdui.

Tout le monde, excepté les Artistes, ne cesse de se plaindre de l'extrême longueur qu'exige l'étude de la Musique avant que de la posséder passablement : mais, comme la Musique est une des sciences sur lesquelles on a moins réfléchi, soit que le plaisir qu'on y prend nuife au fens froid néceffaire pour méditer ; foit que ceux qui la pratiquent ne foient pas trop communément gens à réflexions, on ne s'eft guéres avifé jufqu'ici de rechercher les véritables caufes de fa difficulté, & l'on a injuftement taxé l'Art même des défauts que l'Artifte y avoit introduits.

On fent bien, à la vérité, que cette quantité de lignes, de clés, de tranfpofitions, de diéfes, de bémols, de bécarres, de mefures fimples & compofées, de rondes, de blanches, de noires, de croches, de doubles, de triples croches, de paufes, de demi-paufes, de foupirs, de demi-foupirs, de quarts de foupir, &c. donne une foule de fignes & de combinaifons d'où réfulte bien de l'embarras & bien des inconvéniens : mais quels font précifément ces inconvéniens ? Naiffent-ils directement de la Mufique elle-même, ou de la mauvaife maniére de l'exprimer ? Sont-ils fufceptibles de correction, & quels font les remédes convenables qu'on y pourroit apporter, il eft rare qu'on pouffe l'examen jufques-là ; & après avoir eu la patience pendant des années entiéres de s'emplir la tête de fons, & la mémoire de verbiage, il arrive fouvent qu'on eft tout étonné de ne rien concevoir à tout cela, qu'on prend en dégoût la Mufique & le Muficien, & qu'on laiffe-là l'un & l'autre, plus convaincu de l'ennuyeufe difficulté de cet Art, que de fes charmes fi vantés.

J'entreprens de juftifier la Mufique des torts dont on l'accufe, & de montrer qu'on peut, par des routes plus courtes & plus faciles, parvenir à la poffeder plus parfaitement & avec plus d'intelligence que par la méthode ordinaire, afin que fi le public perfifte à vouloir s'y tenir, il ne s'en prenne du moins qu'à lui-même des difficultés qu'il y trouvera.

Sans vouloir entrer ici dans le détail de tous les défauts du fystême établi, j'aurai, cependant, occafion de parler des plus confidérables, & il fera bon d'y remarquer toujours que ces inconvéniens étant des fuites néceffaires du fond même de la méthode, il eft abfolument impoffible de les corriger autrement que par une refonte générale telle que je la propofe ; il refte à examiner fi mon fyftême remédie en effet à tous ces défauts fans en introduire d'équivalens, & c'eft à cet examen que ce petit ouvrage eft deftiné.

En général, on peut réduire tous les vices de la Mufique ordinaire à trois claffes principales. La premiére eft la multitude des fignes & de leurs combinaifons qui furchargent inutilement l'efprit & la mémoire des Commençans, de façon que l'oreille étant formée, & les organes ayant acquis toute la facilité néceffaire longtems avant qu'on foit en état de chanter à livre ouvert, il s'enfuit que la difficulté eft toute dans l'obfervation des régles, & nullement dans l'éxécution du chant. La feconde eft le défaut d'évidence dans le genre des intervalles exprimés fur la même ou fur différentes Clés. Défaut d'une fi grande étendue, que, non-feulement, il eft la caufe principale de la lenteur du progrès des Ecoliers ; mais encore qu'il n'eft point de Muficien formé qui n'en foit quelquefois incommodé dans l'exécution. La troifiéme enfin, eft l'extrême diffufion des caractéres & le trop grand volume qu'ils occupent, ce qui joint à ces lignes & à ces portées fi ennuieufes à tracer, devient une fource d'embarras de plus d'une efpéce. Peut-être cet article paroîtra-t-il de légére confidération à bien des lecteurs : mais s'ils font réflexion à ce qui doit conftituer la perfection des signes dans tous les genres & surtout en fait de Musique, ils sentiront qu'elle consiste essentiellement à beaucoup exprimer en peu d'espace, & qu'enfin dans les choses d'institution, & dans les choses générales, le moins bien n'est jamais un petit défaut.

Il paroît d'abord assez difficile de trouver une méthode qui puisse remédier à tous ces inconvéniens à la fois. Comment donner plus d'évidence à nos signes, sans les augmenter en nombre ? Et comment les augmenter en nombre, sans les rendre d'un côté plus longs à apprendre, plus difficiles à retenir, & de l'autre, plus étendus dans leur volume ?

Cependant, à considérer la chose de près, on sent bientôt que tous ces défauts partent de la même source ; sçavoir, de la mauvaise institution des signes & de la quantité qu'il en a fallu établir pour suppléer à l'expression bornée & mal entendue qu'on leur a donnée en premier lieu ; & il est démonstratif que dès qu'on aura inventé des signes équivalens, mais plus simples, & en moindre quantité, ils auront par là même plus de précision & pourront exprimer autant de choses en moins d'espace.

Il seroit avantageux, outre cela, que ces signes fussent déja connus, afin que l'attention fût moins partagée, & facile à figurer, afin de rendre la Musique plus commode.

Voilà les vûes que je me suis proposées, en méditant le systéme que je présente au public. Comme je destine un autre ouvrage au détail de ma méthode telle qu'elle doit être enseignée aux Ecoliers, on n'en trouvera ici qu'un plan général qui suffira pour en donner la parfaite intelligence aux personnes qui cultivent actuellement la Musique, & dans lequel j'espére, malgré sa briéveté, que la simplicité de mes principes ne donnera lieu ni à l'obscurité, ni à l'équivoque.

Il faut d'abord considérer dans la Musique deux objets principaux chacun séparément. Le premier doit être l'expression de tous les sons possibles, & l'autre, celles de toutes les différentes durées tant des sons que de leurs silences relatifs, ce qui comprend aussi la différence des mouvemens.

Comme la Musique n'est qu'un enchaînement de sons qui se font entendre, ou tous ensemble, ou successivement, il suffit que tous ces sons aient des expressions relatives qui leur assignent à chacun la place qu'il doit occuper par raport à un certain son fondamental naturel ou arbitraire, pourvû que ce son fondamental soit nettement exprimé & que la relation soit facile à connoître. Avantages que n'a déja point la Musique ordinaire où le son fondamental n'a nulle évidence particuliére, & où tous les raports des nottes ont besoin d'être longtems étudiés.

Mais comment faut-il procéder pour déterminer ce son fondamental de la maniére la plus avantageuse qu'il est possible, c'est d'abord une question qui mérite fort d'être examinée. On voit déja qu'il n'est aucun son dans la nature qui contienne quelque propriété particuliére & connue, par laquelle on puisse le distinguer toutes les fois qu'on l'entendra. Vous ne sçauriez décider sur un son unique que ce soit un *ut* plutôt qu'un *la* ou un *re*, & tant que vous l'entendrez seul vous n'y pouvez rien appercevoir qui vous doive engager à lui attribuer un nom plutôt qu'un autre. C'est ce qu'avoit déja remarqué Monsieur de Mairan. Il n'y a, dit-il, dans la nature ni *ut* ni *sol* qui soit quinte ou quarte par soi-même, parce que *ut*, *sol*, ou *re* n'existent qu'hypothétiquement selon le son fondamental que l'on a adopté. La senfation de chacun des tons n'a rien en foi de propre à la place qu'il tient dans l'étendue du clavier, rien qui le diftingue des autres pris féparément. Le *Re* de l'Opera pourroit être l'*Ut* de Chapelle, ou au contraire : la même viteffe, la même fréquence de vibrations qui conftitue l'un pourra fervir quand on voudra à conftituer l'autre ; ils ne différent dans le fentiment qu'en qualité de plus haut ou de plus bas, comme huit vibrations, par exemple, différent de neuf, & non pas d'une différence fpécifique de fenfation.

Voilà donc tous les fons imaginables réduits à la feule faculté d'exciter des fenfations par les vibrations qui les produifent, & la propriété fpécifique de chacun d'eux réduite au nombre particulier de ces vibrations pendant un tems déterminé : or comme il eft impoffible de compter ces vibrations, du moins d'une manière directe, il refte démontré qu'on ne peut trouver dans les fons aucune propriété fpécifique par laquelle on les puiffe reconnoître féparément, & à plus forte raifon qu'il n'y a aucun d'eux qui mérite par préférence d'être diftingué de tous les autres & de fervir de fondement aux raports qu'ils ont entre-eux.

Il eft vrai que M. Sauveur avoit propofé un moyen de déterminer un fon fixe qui eut fervi de bafe à tous les tons de l'échelle générale : mais fes raifonnemens mêmes prouvent qu'il n'eft point de fon fixe dans la nature, & l'artifice très-ingénieux & très-impratiquable qu'il imagina pour en trouver un arbitraire, prouve encore combien il y a loin des Hypothéfes, ou même, fi l'on veut, des vérités de fpéculation, aux fimples régles de pratique.

Voions, cependant, fi en épiant la nature de plus

près, nous ne pourrons point nous dispenser de recourir à l'Art, pour établir un ou plusieurs sons fondamentaux, qui puissent nous servir de principe de comparaison pour y rapporter tous les autres.

D'abord, comme nous ne travaillons que pour la pratique, dans la recherche des sons nous ne parlerons que de ceux qui composent le systême tempéré tel qu'il est universellement adopté, comptant pour rien ceux qui n'entrent point dans la pratique de notre Musique, & considérant comme justes sans exception tous les accords qui résultent du témpéramment. On verra bien-tôt que cette supposition, qui est la même qu'on admet dans la Musique ordinaire, n'ôtera rien à la variété que le systême tempéré introduit dans l'effet des différentes modulations.

En adoptant donc la suite de tous les sons du clavier telle qu'elle est pratiquée sur les Orgues & les Clavecins, l'expérience m'apprend qu'un certain son auquel on a donné le nom d'*ut*, rendu par un tuyau long de seize pieds ouvert, fait entendre assez distinctement, outre le son principal, deux autres sons plus foibles, l'un à la tierce majeure, & l'autre à la quinte*, auxquels on a donné les noms de *mi* & de *sol*. J'écris à part ces trois noms, & cherchant un tuyau à la quinte du premier qui rende le même son que je viens d'appeller *sol* ou son octave, j'en trouve un de dix pieds huit pouces de longueur, lequel outre le son principal *sol*, en rend aussi deux autres, mais plus foiblement; je les appelle *si* & *re*, & je trouve qu'ils sont précisément en même raport avec le *sol*

---

* C'est-à-dire, à la douziéme, qui est la replique de la quinte, & à la dix-septiéme, qui est la duplique de la tierce majeure. L'octave, & même plusieurs octaves s'entendent aussi assez distinctement, & s'entendroient bien mieux encore si l'oreille ne les confondoit quelquefois avec le son principal.

que le *sol* & le *mi* l'étoient avec l'*ut* ; je les écris à la suite des autres, omettant comme inutile d'écrire le sol une seconde fois. Cherchant un troisiéme tuyau à l'unisson de la quinte *re*, je trouve qu'il rend encore deux autres sons outre le son principal *re*, & toujours en même proportion que les précédens ; je les appelle *fa* & *la* *, & je les écris encore à la suite des précédens. En continuant de même sur le *la*, je trouverois encore deux autres sons : mais comme j'apperçois que la quinte est ce même *mi* qui a fait la tierce du premier son *ut*, je m'arrête-là, pour ne pas redoubler inutilement mes expériences, & j'ai les sept noms suivans, répondans au premier son *ut* & aux six autres que j'ai trouvés de deux en deux.

Ut, mi, sol, si, re, fa, la.

Rapprochant ensuite tous ces sons par octaves dans les plus petits intervalles où je puis les placer, je les trouve rangés de cette sorte ;

Ut, re, mi, fa, sol, la, si.

Et ces sept nottes ainsi rangées indiquent justement le progrès diatonique affecté au mode majeur par la nature même : or comme le premier son *ut* a servi de principe & de base à tous les autres, nous le prendrons pour ce son fondamental que nous

---

* Le *fa* qui fait la tierce majeure du *re* se trouve, par conséquent, diése dans cette progression, & il faut avouer qu'il n'est pas aisé de développer l'origine du *fa* naturel considéré comme quatriéme notte du ton : mais il y auroit là-dessus des observations à faire qui nous méneroient loin & qui ne seroient pas propres à cet ouvrage. Au reste, nous devons d'autant moins nous arrêter à cette légére exception qu'on peut démontrer que le *fa* naturel ne sçauroit être traité dans le ton d'*ut* que comme dissonance ou préparation à la dissonance.

avions cherché, parce qu'il eſt bien réellement la ſource & l'origine d'où ſont émanés tous ceux qui le ſuivent. Parcourir ainſi tous les ſons de cette échelle en commençant & finiſſant par le ſon fondamental, & en préférant toujours les premiers engendrés aux derniers, c'eſt ce qu'on appelle moduler dans le ton d'*ut* majeur, & c'eſt-là proprement la gamme fondamentale qu'on eſt convenu d'appeller naturelle préférablement aux autres, & qui ſert de régle de comparaiſon pour y conformer les ſons fondamentaux de tous les tons pratiquables. Au reſte : il eſt bien évident qu'en prenant le ſon rendu par tout autre tuyau pour le ſon fondamental *ut*, nous ſerions parvenus par des ſons différens à une progreſſion toute ſemblable, & que, par conſéquent, ce choix n'eſt que de pure convention & tout auſſi arbitraire que celui d'un tel où tel méridien pour déterminer les dégrés de longitude.

Il ſuit delà, que ce que nous avons fait en prenant *ut* pour baſe de notre opération, nous le pouvons faire de même en commençant par un des ſix ſons qui le ſuivent, à notre choix, & qu'appellant *ut* ce nouveau ſon fondamental, nous arriverons à la même progreſſion que ci-devant, & nous trouverons tout de nouveau,

Ut, re, mi, fa, ſol, la, ſi.

Avec cette unique différence que ces derniers ſons étant placés à l'égard de leur ſon fondamental de la même maniére que les précédens l'étoient à l'égard du leur, & ces deux ſons fondamentaux étant pris ſur différens tuyaux, il s'enſuit que leurs ſons correſpondans ſont auſſi rendus par différens tuyaux, & que le premier *ut*, par exemple, n'étant pas le
même

même que le fecond, le premier *re* n'eſt pas non plus le même que le fecond.

A préfent l'un de ces deux tons étant pris pour le naturel, fi vous voulez fçavoir ce que les différens fons du fecond font à l'égard du premier, vous n'avez qu'à chercher à quel fon naturel du premier ton fe rapporte le fondamental du fecond, & le même raport fubfiſtera toujours entre les fons de même dénomination de l'un & de l'autre ton dans les octaves correſpondantes. Suppoſant, par exemple, que l'*ut* du fecond ton foit un *ſol* au naturel, c'eſt-à-dire à la quinte de l'*ut* naturel, le *re* du fecond ton fera fûrement un *la* naturel, c'eſt-à-dire, la quinte du *re* naturel, le *mi* fera un *ſi*, le *fa* un *ut*, &c. & alors on dira qu'on eſt au ton majeur de *ſol*, c'eſt-à-dire, qu'on a pris le *ſol* naturel pour en faire le fon fondamental d'un autre ton majeur.

Mais fi, au lieu de m'arrêter en *la* dans l'expérience des trois fons rendus par chaque tuyau, j'avois continué ma progreſſion de quinte en quinte juſqu'à me retrouver au premier *ut* d'où j'étois parti d'abord, ou à l'une de fes octaves, alors j'aurois paſſé par cinq nouveaux fons altérés des premiers, leſquels font avec eux la fomme de douze fons différens renfermés dans l'étenduë de l'octave, & faiſant enſemble ce qu'on appelle les douze cordes du ſyſtême chromatique.

Ces douze fons repliqués à différentes octaves font toute l'étenduë de l'échelle générale fans qu'il puiſſe jamais s'en préfenter aucun autre, du moins dans le ſyſtéme tempéré, puiſqu'après avoir parcouru de quinte en quinte tous les fons que les tuyaux faifoient entendre, je fuis arrivé à la replique du premier par lequel j'avois commencé, & que, par con-

C

féquent, en poursuivant la même opération, je n'aurois jamais que les repliques, c'est-à-dire, les octaves des sons précédens.

La méthode que la nature m'a indiquée & que j'ai suivie pour trouver la génération de tous les sons pratiqués dans la Musique m'apprend donc en premier lieu, non pas à trouver un son fondamental proprement dit qui n'existe point, mais à tirer d'un son établi par convention tous les mêmes avantages qu'il pourroit avoir s'il étoit réellement fondamental, c'est-à-dire, à en faire réellement l'origine & le générateur de tous les autres sons qui sont en usage & qui n'y peuvent être qu'en conséquence de certains raports déterminés qu'ils ont avec lui, comme les touches du clavier à l'égard du *C sol ut*.

Elle m'apprend en second lieu qu'après avoir déterminé le raport de chacun de ces sons avec le fondamental, on peut à son tour le considérer comme fondamental lui-même, puisque le tuyau qui le rend faisant entendre sa tierce majeure & sa quinte aussi-bien que le fondamental, on trouve, en partant de ce son-là comme générateur, une gamme qui ne diffère en rien quant à sa progression de la gamme établie en premier lieu. C'est-à-dire, en un mot, que chaque touche du clavier peut & doit même être considérée sous deux sens tout-à-fait différens; suivant le premier, cette touche représente un son relatif au *C sol ut*, & qui en cette qualité s'appelle *re* ou *mi* ou *sol*, &c. selon qu'il est le second, le troisiéme ou le cinquiéme dégré de l'octave renfermée entre deux *ut* naturels. Suivant le second sens elle est le fondement d'un ton majeur, & alors elle doit constamment porter le nom d'*ut*, & toutes les autres touches ne devant être considérées que par les raports qu'elles ont avec la fondamentale, c'eſt ce raport qui détermine alors le nom qu'elles doivent porter ſuivant le dégré qu'elles occupent : comme l'octave renferme douze ſons, il faut indiquer celui qu'on choiſit & alors c'eſt un *la* ou un *re* &c. naturel, cela détermine le ſon : mais quand il faut le rendre fondamental & y fixer le ton, alors c'eſt conſtamment un *ut*, & cela détermine le progrès.

Il réſulte de cette explication que chacun des douze ſons de l'octave peut être fondamental ou relatif ſuivant la maniére dont il ſera employé, avec cette diſtinction que la diſpoſition de l'*ut* naturel dans l'échelle des tons le rend fondamental naturellement, mais qu'il peut toujours devenir relatif à tout autre ſon que l'on voudra choiſir pour fondamental ; au lieu que ces autres ſons naturellement relatifs à celui d'*ut* ne deviennent fondamentaux que par une détermination particuliére. Au reſte ; il eſt évident que c'eſt la nature même qui nous conduit à cette diſtinction de fondement & de raports dans les ſons : chaque ſon peut être fondamental naturellement puiſqu'il fait entendre ſes harmoniques, c'eſt-à-dire, ſa tierce majeure & ſa quinte, qui ſont les cordes eſſentielles du ton dont il eſt le fondement, & chaque ſon peut encore être naturellement relatif puiſqu'il n'en eſt aucun qui ne ſoit une des harmoniques ou des cordes eſſentielles d'un autre ſon fondamental, & qui n'en puiſſe être engendré en cette qualité. On verra dans la ſuite pourquoi j'ai inſiſté ſur ces obſervations.

Nous avons donc douze ſons qui ſervent de fondemens ou de toniques aux douze tons majeurs pratiqués dans la Muſique, & qui en cette qualité ſont parfaitement ſemblables quant aux modifications qui résultent de chacun d'eux traité comme fondamental. A l'égard du mode mineur, il ne nous est point indiqué par la nature, & comme nous ne trouvons aucun son qui en fasse entendre les harmoniques nous pouvons concevoir qu'il n'a point de son fondamental absolu, & qu'il ne peut exister qu'en vertu du raport qu'il a avec le mode majeur dont il est engendré, comme il est aisé de le faire voir. *

Le premier objet que nous devons donc nous proposer dans l'institution de nos nouveaux signes, c'est d'en imaginer d'abord un qui désigne nettement dans toutes les occasions la corde fondamentale que l'on prétend établir, & le raport qu'elle a avec la fondamentale de comparaison, c'est-à-dire, avec l'*ut* naturel.

Supposons ce signe déja choisi. La fondamentale étant déterminée, il s'agira d'exprimer tous les autres sons par le raport qu'ils ont avec elle, car c'est elle seule qui en détermine le progrès & les altérations : ce n'est pas, à la vérité, ce qu'on pratique dans la Musique ordinaire où les sons sont exprimés constamment par certains noms déterminés qui ont un raport direct aux touches des instrumens & à la gamme naturelle sans égard au ton où l'on est ni à la fondamentale qui le détermine : mais comme il est ici question de ce qu'il convient le mieux de faire & non pas de ce qu'on fait actuellement, est-on moins en droit de rejetter une mauvaise pratique, si je fais voir que celle que je lui substitue mérite la préférence, qu'on le feroit de quitter un mauvais guide pour un autre qui vous montreroit un chemin plus commode & plus court ? Et ne se moqueroit-on pas du premier s'il vouloit vous contraindre à le suivre toujours, par cette unique raison, qu'il vous égare depuis longtems ?

* *Voyez* M. Rameau nouv. syst. p. 21. & tr. de l'Harm. p. 12. & 13.

Ces confidérations nous ménent directement au choix des chiffres pour exprimer les fons de la Mufique, puifque les chiffres ne marquent que des raports & que l'expreffion des fons n'eft auffi que celle des raports qu'ils ont entr'eux. Auffi avons-nous déja remarqué que les Grecs ne fe fervoient des lettres de leur Alphabet à cet ufage, que parce que ces lettres étoient en même tems les chiffres de leur arithmétique, au lieu que les caractéres de notre Alphabet ne portant point communément avec eux les idées de nombres ni de raports, ne feroient pas à beaucoup près fi propres à les exprimer.

Il ne faut pas s'étonner après cela fi l'on a tenté fi fouvent de fubftituer les chiffres aux nottes de la Mufique; c'étoit affurément le fervice le plus important que l'on eût pu rendre à cet Art, fi ceux qui l'ont entrepris avoient eu la patience ou les lumiéres néceffaires pour embraffer un fyftême général dans toute fon étenduë. Le grand nombre de tentatives qu'on a faites fur ce point fait voir qu'on fent depuis longtems les défauts des caractéres établis. Mais il fait voir encore qu'il eft bien plus aifé de les appercevoir que des les corriger; faut-il conclure delà que la chofe eft impoffible?

Nous voilà donc déja déterminés fur le choix des caractéres; il eft queftion maintenant de réfléchir fur la meilleure maniére de les appliquer. Il eft fûr que cela demande quelque foin: car s'il n'étoit queftion que d'exprimer tous les fons par autant de chiffres différens il n'y auroit pas-là grande difficulté: mais auffi n'y auroit-il pas non plus grand mérite, & ce feroit ramener dans la Mufique une confufion encore pire que celle qui naît de la pofition des nottes.

Pour m'éloigner le moins qu'il eft poffible de

l'esprit de la méthode ordinaire, je ne ferai d'abord attention qu'au clavier naturel, c'eſt-à-dire, aux touches noires de l'Orgue & du Clavecin, réſervant pour les autres des ſignes d'altération ſemblables à ceux qui ſe pratiquent communément. Ou plutôt, pour me fixer par une idée plus univerſelle, je conſidérerai ſeulement le progrès & le raport des ſons affectés au mode majeur, faiſant abſtration à la modulation & aux changemens de ton, bien ſûr qu'en faiſant réguliérement l'application de mes caractéres, la fécondité de mon principe ſuffira à tout.

De plus : comme toute l'étenduë du clavier n'eſt qu'une ſuite de pluſieurs octaves redoublées, je me contenterai d'en conſidérer une à part, & je chercherai enſuite un moyen d'appliquer ſucceſſivement à toutes, les mêmes caractéres que j'aurai affectés aux ſons de celle-ci. Par-là, je me conformerai à la fois à l'uſage qui donne les mêmes noms aux nottes correſpondantes des différentes octaves, à mon oreille qui ſe plaît à en confondre les ſons, à la raiſon qui me fait voir les mêmes raports multipliés entre les nombres qui les expriment, & enfin je corrigerai un des grands défauts de la Muſique ordinaire qui eſt d'anéantir par une poſition vicieuſe l'analogie & la reſſemblance qui doit toujours ſe trouver entre les différentes octaves.

Il y a deux maniéres de conſidérer les ſons & les raports qu'ils ont entr'eux; l'une par leur génération, c'eſt-à-dire, par les différentes longueurs des cordes ou des tuyaux qui les font entendre, & l'autre, par les intervalles qui les ſéparent du grave à l'aigu.

A l'égard de la première, elle ne ſçauroit être de nulle conſéquence dans l'établiſſement de nos ſignes;

soit parce qu'il faudroit de trop grands nombres pour les exprimer; soit enfin, parce que de tels nombres ne font de nul avantage pour la facilité de l'intonation qui doit être ici notre grand objet.

Au contraire, la seconde maniére de considérer les sons par leurs intervalles renferme un nombre infini d'utilités : c'est sur elle qu'est fondé le systême de la position tel qu'il est pratiqué actuellement. Il est vrai que suivant ce systême, les nottes n'ayant rien en elles-mêmes ni dans l'espace qui les sépare qui vous indique clairement le genre de l'intervalle, il faut anoner un tems infini avant que d'avoir acquis toute l'habitude nécessaire pour le reconnoître au premier coup d'œil. Mais comme ce défaut vient uniquement du mauvais choix des signes, on n'en peut rien conclure contre le principe sur lequel ils sont établis, & l'on verra bien-tôt comment au contraire on tire de ce principe tous les avantages qui peuvent rendre l'intonation aisée à apprendre & à pratiquer.

Prenant *ut* pour ce son fondamental auquel tous les autres doivent se raporter, & l'exprimant par le chiffre 1 nous aurons à sa suite l'expression des sept sons naturels, *ut, re, mi, fa, sol, la, si*, par les sept chiffres 1, 2, 3, 4, 5, 6, 7; de façon que tant que le chant roulera dans l'étendue de ces sept sons, il suffira de les notter chacun par son chiffre correspondant pour les exprimer tous sans équivoque.

Il est évident que cette maniére de notter conserve pleinement l'avantage si vanté de la position : car vous connoissez à l'œil aussi clairement qu'il est possible si un son est plus haut ou plus bas qu'un autre; vous voyez parfaitement qu'il faut monter pour aller de l'1 au 5, & qu'il faut descendre pour aller du 4 au 2 : cela ne souffre pas la moindre replique.

Mais je ne m'étendrai pas ici sur cet article, & je me contenterai de toucher à la fin de cet ouvrage les principales réflexions qui naissent de la comparaison des deux méthodes; si l'on suit mon projet avec quelque attention, elles se présenteront d'elles-mêmes à chaque instant, & en laissant à mes lecteurs le plaisir de me prévenir, j'espére de me procurer la gloire d'avoir pensé comme eux.

Les sept premiers chiffres ainsi disposés marqueront, outre les dégrés de leurs intervalles, celui que chaque son occupe à l'égard du son fondamental *ut*, de façon qu'il n'est aucun intervalle dont l'expression par chiffres ne vous présente un double raport, le premier entre les deux sons qui le composent, & le second, entre chacun d'eux & le son fondamental.

Soit donc établi que le chiffre 1 s'appellera toujours *ut*, 2 s'appellera toujours *re*, 3 toujours *mi*, &c. conformément à l'ordre suivant.

1, 2, 3, 4, 5, 6, 7
Ut, re, mi, fa, sol, la, si

Mais quand il est question de sortir de cette étenduë pour passer dans d'autres octaves, alors cela forme une nouvelle difficulté. Car il faut nécessairement multiplier les chiffres, ou suppléer à cela par quelque nouveau signe qui détermine l'octave où l'on chante, autrement l'*ut* d'enhaut étant écrit 1 aussi-bien que l'*ut* d'enbas, le Musicien ne pourroit éviter de les confondre, & l'équivoque auroit lieu nécessairement.

C'est ici le cas où la position peut être admise avec tous les avantages qu'elle a dans la Musique ordinaire sans en conserver ni les embarras, ni la difficulté. Etablissons une ligne horizontale sur laquelle nous disposerons toutes les nottes renfermées dans la même octave, c'est-à-dire depuis & compris l'*ut* d'en bas jusqu'à celui d'enhaut exclusivement. Faut-il passer dans l'octave qui commence à l'*ut* d'enhaut ? Nous placerons nos chiffres au-dessus de la ligne. Voulons-nous, au contraire, passer dans l'octave inférieure laquelle commence en descendant par le *si* qui suit l'*ut* posé sur la ligne ? Alors nous les placerons au-dessous de la même ligne. C'est-à-dire que la position qu'on est contraint de changer à chaque dégré dans la Musique ordinaire ne changera dans la mienne qu'à chaque octave & aura, par conséquent, six fois moins de combinaisons. (voyez la planche Exemple 1.)

Après ce premier *ut*, je descens au *sol* de l'octave inférieure : je reviens à mon *ut* &, après avoir fait le *mi* & le *sol* de la même octave, je passe à l'*ut* d'enhaut, c'est-à-dire, à l'*ut* qui commence l'octave supérieure : je redescens ensuite jusqu'au *sol* d'en bas par lequel je reviens finir à mon premier *ut*.

Vous pouvez voir dans ces exemples (voyez la pl. Ex. 1 & 2.) comment le progrès de la voix est toujours annoncé aux yeux, ou par les différentes valeurs des chiffres s'ils sont de la même octave, ou par leurs différentes positions si leurs octaves sont différentes.

Cette méchanique est si simple qu'on la conçoit du premier regard, & la pratique en est la chose du monde la plus aisée. Avec une seule ligne vous modulez dans l'étenduë de trois octaves, & s'il se trouvoit que vous voulussiez passer encore au-delà, ce qui n'arrivera guéres dans une Musique sage, vous avez toujours la liberté d'ajouter des lignes accidentelles en haut & en bas comme dans la Musique ordinaire, avec la différence que dans celle-ci il faut onze lignes pour trois octaves, tandis qu'il n'en faut qu'une dans la mienne, & que je puis exprimer l'étenduë de cinq, six; & près de sept octaves, c'est-à-dire, beaucoup plus que n'a d'étenduë le grand clavier, avec trois lignes seulement.

Il ne faut pas confondre la position telle que ma méthode l'adopte avec celle qui se pratique dans la Musique ordinaire: les principes en sont tout différens. La Musique ordinaire n'a en vûë que de vous indiquer des intervalles & de disposer en quelque façon vos organes par l'aspect du plus grand ou moindre éloignement des nottes, sans s'embarrasser de distinguer assez bien le genre de ces intervalles ni le dégré de cet éloignement pour en rendre la connoissance indépendante de l'habitude. Au contraire, la connoissance des intervalles qui fait proprement le fond de la science du Musicien m'a paru un point si important, que j'ai cru en devoir faire l'objet essentiel de ma méthode. L'explication suivante montre comment on parvient par mes caractéres à déterminer tous les intervalles possibles par leurs genres & par leurs noms, sans autre peine que celle de lire une fois ces remarques.

Nous distinguons d'abord les intervalles en directs & renversés, & les uns & les autres encore en simples & redoublés.

Je vais définir chacun de ces intervalles considéré dans mon systême.

L'intervalle direct est celui qui est compris entre deux sons dont les chiffres sont d'accord avec le progrès, c'est-à-dire que le son le plus haut doit avoir aussi le plus grand chiffre, & le son le plus bas le chiffre le plus petit. (Voyez la pl. Exemp. 3.)

L'intervalle renversé est celui dont le progrès est contrarié par les chiffres : c'est-à-dire que si l'intervalle monte le second chiffre est le plus petit, & si l'intervalle descend le second chiffre est le plus grand. (Voyez la pl. Ex. 4.)

L'intervalle simple est celui qui ne passe pas l'étenduë d'une octave, (Voyez la pl. Ex. 5.)

L'intervalle redoublé est celui qui passe l'étenduë d'une octave. Il est toujours la replique d'un intervalle simple. (Voyez Exemple 6.)

Quand vous entrez d'une octave dans la suivante, c'est-à-dire que vous passez de la ligne au-dessus ou au-dessous d'elle, ou *vice-versa*, l'intervalle est simple s'il est renversé, mais s'il est direct il sera toujours redoublé.

Cette courte explication suffit pour connoître à fond le genre de tout intervalle possible. Il faut à présent apprendre à en trouver le nom sur le champ.

Tous les intervalles peuvent être considérés comme formés des trois premiers intervalles simples qui sont la seconde, la tierce, la quarte; dont les complémens à l'octave sont la septiéme, la sixte & la quinte; à quoi si vous ajoutez cette octave elle-même, vous aurez tous les intervalles simples sans exception.

Pour trouver donc le nom de tout intervalle simple direct, il ne faut qu'ajouter l'unité à la différence des deux chiffres qui l'expriment. Soit, par exemple, cet intervalle 1, 5 ; la différence des deux chiffres est 4, à quoi ajoutant l'unité vous avez 5. c'est-à-dire la quinte pour le nom de cet intervalle ; il en seroit de même si vous aviez eu 2, 6 ; ou 7, 3.

&c. Soit cet autre intervalle 4, 5; la différence est 1, à quoi ajoutant l'unité vous avez 2, c'est-à-dire, une seconde pour le nom de cet intervalle. La régle est générale.

Si l'intervalle direct est redoublé, après avoir procédé comme ci-devant, il faut ajouter 7 pour chaque octave, & vous aurez encore très-exactement le nom de votre intervalle : par exemple, vous voyez déja que $-1\frac{3}{}-$ est une tierce redoublée, ajoutez donc 7 à 3, & vous aurez 10, c'est-à-dire une dixiéme pour le nom de votre intervalle.

Si l'intervalle est renversé, prenez le complément du direct, c'est le nom de votre intervalle : ainsi, parce que la sixte est le complément de la tierce, & que cet intervalle $-1\frac{}{}-$, est une tierce renversée je trouve que c'est une sixte; si de plus il est redoublé, ajoutez-y autant de fois 7 qu'il y a d'octaves. Avec ce peu de régles, dans quelque cas que vous soyez vous pouvez nommer sur le champ & sans le moindre embarras quelque intervalle qu'on vous présente.

Voyons donc sur ce que je viens d'expliquer à quel point nous sommes parvenus dans l'art de solfier par la méthode que je propose.

D'abord toutes les nottes sont connuës sans exception; il n'a pas fallu bien de la peine pour retenir les noms de sept caractéres uniques qui sont les seuls dont on ait à charger sa mémoire pour l'expression des sons; qu'on apprenne à les entonner juste en montant & en descendant, diatoniquement & par intervalles, & nous voilà tout d'un coup débarrassés des difficultés de la position.

A le bien prendre, la connoissance des intervalles par raport à la nomination n'est pas d'une nécessité absoluë, pourvû qu'on connoisse bien le ton d'où l'on part & qu'on fçache trouver celui où l'on va. On peut entonner exactement l'*ut* & le *fa* fans fçavoir qu'on fait une quarte : & fûrement cela feroit toujours bien moins néceffaire par ma méthode que par la commune, où la connoiffance nette & précife des nottes ne peut fuppléer à celle des intervalles ; au lieu que dans la mienne, quand l'intervalle feroit inconnu, les deux nottes qui le compofent feroient toujours évidentes fans qu'on pût jamais s'y tromper dans quelque ton & à quelque Clé que l'on fut. Cependant tous les avantages fe trouvent ici tellement réunis, qu'au moyen de trois ou quatre obfervations très-fimples voilà mon Ecolier en état de nommer hardiment tout intervalle poffible, foit fur la même partie, foit en fautant de l'une à l'autre, & d'en fçavoir plus à cet égard dans une heure d'application, que des Muficiens de dix & douze ans de pratique : car on doit remarquer, que les opérations dont je viens de parler fe font tout d'un coup par l'efprit & avec une rapidité bien éloignée des longues gradations indifpenfables dans la Mufique ordinaire pour arriver à la connoiffance des intervalles, & qu'enfin les régles feroient toujours préférables à l'habitude, foit pour la certitude, foit pour la briéveté, quand même elles ne feroient que produire le même effet.

Mais ce n'eft rien d'être parvenus jufqu'ici : il eft d'autres objets à confidérer & d'autres difficultés à furmonter.

Quand j'ai ci-devant affecté le nom d'*ut* au fon fondamental de la gamme naturelle je n'ai fait que me conformer à l'efprit de la première inftitution du nom des nottes & à l'ufage général des Muficiens, & quand j'ai dit que la fondamentale de chaque ton avoit le même droit de porter le nom d'*ut* que ce premier son à qui il n'est affecté par aucune propriété particuliére, j'y ai encore été autorisé par la pratique universelle de cette méthode qu'on appelle transposition, dans la Musique vocale.

Pour effacer tout scrupule qu'on pourroit concevoir à cet égard, il faut expliquer ma pensée avec un peu plus d'étenduë : le nom d'*ut* doit-il être nécessairement & toujours celui d'une touche fixe du clavier, ou doit-il au contraire être appliqué préférablement à la fondamentale de chaque ton, c'est la question qu'il s'agit de discuter.

A l'entendre énoncer de cette maniére, on pourroit, peut-être, s'imaginer que ce n'est ici qu'une question de mots. Cependant elle influë trop dans la pratique pour être méprisée : il s'agit moins des noms en eux-mêmes, que de déterminer les idées qu'on leur doit attacher & sur lesquelles on n'a pas été trop bien d'accord jusqu'ici.

Demandez à une personne qui chante, ce que c'est qu'un *ut*, elle vous dira que c'est le premier ton de la gamme : demandez la même chose à un joueur d'instrumens, il vous répondra que c'est une telle touche de son violon ou de son clavecin. Ils ont tous deux raison ; ils s'accordent même en un sens, & s'accorderoient tout à fait, si l'un ne se représentoit pas cette gamme comme mobile, & l'autre cet *ut* comme invariable.

Puisque l'on est convenu d'un certain son à peu près fixe pour y régler la portée des voix & le diapason des instrumens, il faut que ce son ait nécessairement un nom, & un nom fixe comme le son qu'il exprime ; donnons lui le nom d'*ut* : j'y consens. Réglons ensuite sur ce nom-là tous ceux des différens sons de l'échelle générale, afin que nous puissions indiquer le raport qu'ils ont avec lui & avec les différentes touches des instrumens : j'y consens encore, & jusques-là le symphoniste a raison.

Mais ces sons auxquels nous venons de donner des noms, & ces touches qui les font entendre, sont disposés de telle manière qu'ils ont entr'eux & avec la touche *ut* certains raports qui constituent proprement ce qu'on appelle ton, & ce ton dont *ut* est la fondamentale est celui que font entendre les touches noires de l'orgue & du clavecin quand on les jouë dans un certain ordre, sans qu'il soit possible d'employer toutes les mêmes touches pour quelque autre ton dont *ut* ne seroit pas la fondamentale, ni d'employer dans celui d'*ut* aucune des touches blanches du clavier lesquelles n'ont même aucun nom propre, & en prennent de différens s'appellant tantôt diéses & tantôt bémols suivant les tons dans lesquels elles sont employées.

Or quand on veut établir une autre fondamentale, il faut nécessairement faire un tel choix des sons qu'on veut employer, qu'ils aient avec elle précisément les mêmes raports que le *re*, le *mi*, le *sol*, & tous les autres sons de la gamme naturelle avoient avec l'*ut*. C'est le cas où le Chanteur a droit de dire au Symphoniste : pourquoi ne vous servez-vous pas des mêmes noms pour exprimer les mêmes raports ? Au reste, je crois peu nécessaire de remarquer qu'il faudroit toujours déterminer la fondamentale par son nom naturel, & que c'est seulement après cette détermination qu'elle prendroit le nom d'*ut*.

Il est vrai qu'en affectant toujours les mêmes noms aux mêmes touches de l'instrument & aux mêmes nottes de la Musique, il semble d'abord qu'on établit un raport plus direct entre cette notte & cette touche, & que l'une excite plus aisément l'idée de l'autre qu'on ne feroit en cherchant toujours une égalité de raports entre les chiffres des nottes & le chiffre fondamental d'un côté, & de l'autre, entre le son fondamental & les touches de l'instrument.

On peut voir que je ne tâche pas d'énerver la force de l'objection ; oserai-je me flater à mon tour que les préjugés n'ôteront rien à celle de mes réponses ?

D'abord je remarquerai que le raport fixé par les mêmes noms entre les touches de l'instrument & les nottes de la Musique a bien des exceptions & des difficultés auxquelles on ne fait pas toujours assez d'attention.

Nous avons trois Clés dans la Musique, & ces trois Clés ont huit positions, ainsi, suivant ces différentes positions, voila huit touches différentes pour la même position, & huit positions pour la même touche & pour chaque touche de l'instrument : il est certain que cette multiplication d'idées nuit à leur netteté ; il y a même bien des Symphonistes qui ne les possédent jamais toutes à un certain point, quoique toutes les huit Clés soient d'usage sur plusieurs instrumens.

Mais renfermons-nous dans l'examen de ce qui arrive sur une seule Clé. On s'imagine que la même notte doit toujours exprimer l'idée de la même touche, & cependant cela est très-faux : car par des accidens fort communs, causés par les diéses & les bémols, il arrive à tout moment, non-seulement que la notte *si* devient la touche *ut*, que la notte *mi* devient la touche *fa* & réciproquement, mais

encore

encore qu'une notte diéfée à la Clé & diéfée par accident monte d'un ton tout entier, qu'un *fa* devient un *fol*, un *ut* un *re*, &c. & qu'au contraire par un double bémol un *mi* deviendra un *re*, un *fi* un *la* & ainfi des autres. Où en eft donc la précifion de nos idées. Quoi! je vois un *fol* & il faut que je touche un *la*! Eft-ce là ce raport fi jufte, fi vanté, auquel on veut facrifier celui de la modulation?

Je ne nie pas cependant qu'il n'y ait quelque chofe de très ingénieux dans l'invention des accidens ajoutés à la Clé pour indiquer, non pas les differens tons, car ils ne font pas toujours connus par-là, mais les différentes altérations qu'ils caufent. Ils n'expliquent pas mal la théorie des progreffions, c'eft dommage qu'ils faffent acheter fi cher cet avantage par la peine qu'ils donnent dans la pratique du chant & des inftrumens. Que me fert, à moi, de fçavoir qu'un tel demi-ton a changé de place, & que de là on l'a tranfporté là pour en faire une notte fenfible, une quatriéme ou une fixiéme notte; fi d'ailleurs je ne puis venir à bout de l'exécuter fans me donner la torture, & s'il faut que je me fouvienne éxactement de ces cinq diéfes ou de ces cinq bémols pour les appliquer à toutes les nottes que je trouverai fur les mêmes pofitions ou à l'octave, & cela précifément dans le tems que l'exécution devient la plus embarraffante par la difficulté particuliére de l'inftrument? Mais ne nous imaginons pas que les Muficiens fe donnent cette peine dans la pratique; ils fuivent une autre route bien plus commode, & il n'y a pas un habile homme parmi eux qui après avoir préludé dans le ton où il doit jouer, ne faffe plus d'attention au dégré du ton où il fe trouve &

D

dont il connoît la progression, qu'au diése ou au bémol qui l'affecte.

En général, ce qu'on appelle chanter & exécuter au naturel est, peut-être, ce qu'il y a de plus mal imaginé dans la Musique : car si les noms des nottes ont quelque utilité réelle, ce ne peut-être que pour exprimer certains raports, certaines affections déterminées dans les progressions des sons. Or dès que le ton change, les raports des sons & la progression changeant aussi, la raison dit qu'il faut de même changer les noms des nottes en les rapportant par analogie au nouveau ton, sans quoi l'on renverse le sens des noms & l'on ôte aux mots le seul avantage qu'ils puissent avoir, qui est d'exciter d'autres idées avec celles des sons. Le passage du *mi* au *fa* ou du *si* à l'*ut*, excite naturellement dans l'esprit du Musicien l'idée du demi ton. Cependant, si l'on est dans le ton de *si* ou dans celui de *mi*, l'intervalle du *si* à l'*ut* ou du *mi* au *fa* est toujours d'un ton & jamais d'un demi ton. Donc, au lieu de leur conserver des noms qui trompent l'esprit & qui choquent l'oreille exercée par une différente habitude, il est important de leur en appliquer d'autres dont le sens connu ne soit point contradictoire, & annonce les intervalles qu'ils doivent exprimer. Or tous les raports des sons du syftême diatonique se trouvent exprimés dans le majeur tant en montant qu'en descendant dans l'octave comprise entre deux *ut* suivant l'ordre naturel, & dans le mineur dans l'octave comprise entre deux *la* suivant le même ordre en descendant seulement ; car en montant le mode mineur est assujetti à des affections différente qui présentent de nouvelles réflexions pour la théorie, lesquelles ne font pas aujourdui de mon fujet, & qui ne font rien au fyftême que je propofe.

Je ne difconviens pas qu'à l'égard des inftrumens ma méthode ne s'écarte beaucoup de l'efprit de la méthode ordinaire : mais comme je ne crois pas la méthode ordinaire extrêmement eftimable, & que je crois même d'en démontrer les défauts, il faudroit toujours avant que de me condanner par-là, fe mettre en état de me convaincre, non pas de la différence, mais du défavantage de la mienne.

Continuons d'en expliquer la mécanique. Je reconnois dans la Mufique douze fons ou cordes originales, l'un defquels eft le *C fol ut* qui fert de fondement à la gamme naturelle : prendre un des autres fons pour fondamental, c'eft lui attribuer toutes les propriétés de l'*ut* ; c'eft proprement tranfpofer la gamme naturelle plus haut ou plus bas de tant de dégrés. Pour déterminer ce fon fondamental je me fers du mot correfpondant, c'eft-à-dire, du *fol*, du *re*, du *la*, &c. & je l'écris à la marge au haut de l'air que je veux notter : alors ce *fol* ou ce *re* qu'on peut appeller la Clé devient *ut* & fervant de fondement à un nouveau ton & à une nouvelle gamme, toutes les nottes du Clavier lui deviennent relatives, & ce n'eft alors qu'en vertu du raport qu'elles ont avec ce fon fondamental qu'elles peuvent être employées.

C'eft-là, quoiqu'on en puiffe dire, le vrai principe auquel il faut s'attacher dans la compofition, dans le prélude, & dans le Chant; & fi vous prétendez conferver aux nottes leurs noms naturels, il faut néceffairement que vous les confidériez tout à la fois fous une double relation, fçavoir par raport au *C fol ut* & à la gamme naturelle, & par raport au fon fondamental particulier, fur lequel vous êtes contraint d'en régler le progrès & les altérations. Il n'y a qu'un ignorant qui jouë des diéfes & des bémols sans penfer au ton dans lequel il eft, & alors Dieu fçait quelle jufteffe il peut y avoir dans fon jeu!

Pour former donc un Eléve fuivant ma méthode, je parle de l'inftrument, car pour le Chant la chofe eft fi aifée qu'il feroit fuperflu de s'y arrêter, il faut d'abord lui apprendre à connoître & à toucher par leur nom naturel, c'eft-à-dire, fur la Clé d'*ut* toutes les touches de fon inftrument. Ces prémiers noms lui doivent fervir de régle pour trouver enfuite les autres fondamentales & toutes les modulations poffibles des tons majeurs auxquels feuls il fuffit de faire attention, comme je l'expliquerai bientôt.

Je viens enfuite à la Clé *fol*, & après lui avoir fait toucher le *fol*, je l'avertis que ce *fol* devenant la fondamentale du ton doit alors s'appeller *ut*, & je lui fais parcourir fur cet *ut* toute la gamme naturelle en haut & en bas fuivant l'étenduë de fon inftrument: comme il y aura quelque différence dans la touche ou dans la difpofition des doigts à caufe du demi ton tranfpofé, je la lui ferai remarquer. Après l'avoir exercé quelque tems fur ces deux tons, je l'amenerai à la Clé *re*, & lui faifant appeller *ut* le *re* naturel, je lui fais recommencer fur cet *ut* une nouvelle gamme, & parcourant ainfi toutes les fondamentales de quinte en quinte, il fe trouvera enfin dans le cas d'avoir préludé en mode majeur fur les douze cordes du fyftéme chromatique, & de connoître parfaitement le raport & les affections différentes de toutes les touches de fon inftrument fur chacun de ces douze différens tons.

Alors je lui mets de la Mufique aifée entre les mains. La Clé lui montre quelle touche doit prendre la dénomination d'*ut*, & comme il a appris à trouver le *mi* & le *sol*, &c. c'est-à-dire, la tierce majeure & la quinte, &c. sur cette fondamentale, un 3 & un 5 sont bientôt pour lui des signes familiers, & si les mouvemens lui étoient connus & que l'instrument n'eut pas ses difficultés particuliéres, il seroit dès-lors en état d'exécuter à livre ouvert toute sorte de Musique sur tous les tons & sur toutes les Clés. Mais avant que d'en dire davantage sur cet article, il faut achever d'expliquer la partie qui regarde l'expression des sons.

A l'égard du mode mineur j'ai déja remarqué que la nature ne nous l'avoit point enseigné directement. Peut-être vient-il d'une suite de la progression dont j'ai parlé dans l'expérience des tuyaux, où l'on trouve qu'à la quatriéme quinte cet *ut* qui avoit servi de fondement à l'opération fait une tierce mineure avec le *la* qui est alors le son fondamental. Peut-être est-ce aussi de-là que naît cette grande correspondance entre le mode majeur *ut* & le mode mineur de sa sixiéme notte, & réciproquement entre le mode mineur *la* & le mode majeur de sa médiante.

De plus; la progression des sons affectés au mode mineur est précisément la même qui se trouve dans l'octave comprise entre deux *la*, puisque, suivant Monsieur Rameau, il est essentiel au mode mineur d'avoir sa tierce & sa sixte mineures, & qu'il n'y a que cette octave où, tous les autres sons étant ordonnés comme ils doivent l'être, la tierce & la sixte se trouvent mineures naturellement.

Prenant donc *la* pour le nom de la tonique des tons mineurs, & l'exprimant par le chiffre 6, je laisserai toujours à sa médiante *ut* le privilége d'être, non pas tonique, mais fondamentale caractéristique;

je me conformerai en cela à la nature qui ne nous fait point connoître de fondamentale proprement dite dans les tons mineurs, & je conferverai à la fois l'uniformité dans les noms des nottes & dans les chiffres qui les expriment & l'analogie qui se trouve entre les modes majeur & mineur pris sur les deux cordes *ut* & *la*.

Mais cet *ut* qui par la transposition doit toujours être le nom de la tonique dans les tons majeurs, & celui de la médiante dans les tons mineurs, peut, par conséquent, être pris sur chacune des douze cordes du système chromatique, & pour la désigner, il suffira de mettre à la marge le nom de cette corde prise sur le clavier dans l'ordre naturel. On voit par là que si le chant est dans le ton d'*ut* majeur ou de *la* mineur, il faudra écrire *ut* à la marge; si le chant est dans le ton de *re* majeur ou de *si* mineur, il faut écrire *re* à la marge; pour le ton de *mi* majeur ou d'*ut* diéſe mineur, on écrira *mi* à la marge, & ainsi de suite: c'est-à-dire que la notte écrite à la marge, ou la Clé désigne précisément la touche du clavier qui doit s'appeller *ut*, & par conséquent être tonique dans le ton majeur, médiante dans le mineur & fondamentale dans tous les deux: sur quoi l'on remarquera que j'ai toujours appellé cet *ut* fondamentale & non pas tonique, parce qu'elle ne l'est que dans les tons majeurs, mais qu'elle sert également de fondement à la relation & au nom des nottes & même aux differentes octaves dans l'un & l'autre mode: mais à le bien prendre la connoissance de cette Clé n'est d'usage que pour les instrumens & ceux qui chantent n'ont jamais besoin d'y faire attention.

Il suit de là que la même Clé sous le même nom d'*ut*,

déſigne, cependant, deux tons différens, ſçavoir le majeur dont elle eſt tonique & le mineur dont elle eſt médiante & dont, par conſéquent, la tonique eſt une tierce au-deſſous d'elle. Il ſuit encore que les mêmes noms des nottes & les nottes affectées de la même maniére, du moins en deſcendant ſervent également pour l'un & l'autre mode, de ſorte que non ſeulement on n'a pas beſoin de faire une étude particuliére des modes mineurs : mais que même on ſeroit à la rigueur diſpenſé de les connoître, les raports exprimés par les mêmes chiffres n'étant point différens quand la fondamentale eſt tonique que quand elle eſt médiante : cependant pour l'évidence du ton & pour la facilité du prélude on écrira la Clé tout ſimplement quand elle ſera tonique, & quand elle ſera médiante on ajoutera au deſſous d'elle une petite ligne horiſontale. (Voyez la pl. Ex. 7. & 8.

Il faut parler à préſent des changemens de ton : mais comme les altérations accidentelles des ſons s'y préſentent ſouvent, & qu'elles ont toujours lieu dans le mode mineur en montant de la dominante à la tonique, je dois auparavant en expliquer les ſignes.

Le diéſe s'exprime par une petite ligne oblique qui croiſe la notte en montant de droite à gauche, ſol diéſe, par exemple, s'exprime ainſi, 5. Fa diéſe ainſi, 4. Le bémol s'exprime auſſi par une ſemblable ligne qui croiſe la notte en deſcendant ; 7, 3, & ces ſignes, plus ſimples que ceux qui ſont en uſage, ſervent encore à montrer à l'œil le genre d'altération qu'ils cauſent.

Pour le béquarre, il n'eſt devenu néceſſaire que par le mauvais choix du diéſe & du bémol : parce qu'étant des caractéres séparés des nottes qu'ils altérent, s'il s'en trouve plusieurs de suite sous l'un ou l'autre de ces signes, on ne peut jamais distinguer celles qui doivent être affectées de celles qui ne le doivent pas sans se servir du béquarre. Mais comme par mon systême le signe de l'altération, outre la simplicité de sa figure a encore l'avantage d'être toujours inhérent à la notte altérée, il est clair que toutes celles auxquelles on ne le verra point devront être exécutées au ton naturel qu'elles doivent avoir sur la fondamentale où l'on est. Je retranche donc le béquarre comme inutile, & je le retranche encore comme équivoque, puisqu'il est commun de le trouver employé en deux sens tout opposés: car les uns s'en servent pour ôter l'altération causée par les signes de la Clé, & les autres, au contraire, pour remettre la notte au ton qu'elle doit avoir conformément à ces mêmes signes.

A l'égard des changemens de ton soit pour passer du majeur au mineur, ou d'une tonique à une autre, il pourroit suffire de changer la Clé: mais comme il est extrêmement avantageux de ne point rendre la connoissance de cette Clé nécessaire à ceux qui chantent, & que, d'ailleurs, il faudroit une certaine habitude pour trouver facilement le raport d'une Clé à l'autre, voici la précaution qu'il y faut ajoûter. Il n'est question que d'exprimer la première notte de ce changement de manière à représenter ce qu'elle étoit dans le ton d'où l'on sort, & ce qu'elle est dans celui où l'on entre. Pour cela; j'écris d'abord cette première notte entre deux doubles lignes perpendiculaires par le chiffre qui la représente dans le ton précédent, ajoûtant au-dessus d'elle la Clé ou le nom de la fondamentale du ton où l'on va entrer : j'écris ensuite cette même notte par le chiffre qui l'exprime dans le ton qu'elle commence. De sorte qu'eu égard à la suite du Chant, le premier chiffre indique le ton de la notte, & le second sert à en trouver le nom.

Vous voyez (pl. Ex. 9.) non-seulement que du ton de *sol* vous passez dans celui d'*ut*, mais que la notte *fa* du ton précédent est la même que la notte *ut* qui se trouve la première dans celui où vous entrez.

Dans cet autre exemple, (Voyez Ex. 10.) la première notte *ut* du premier changement seroit le *mi* bémol du mode précédent, & la première notte *mi* du second changement seroit l'*ut* diése du mode précédent, comparaison très commode pour les voix & même pour les instrumens lesquels ont de plus l'avantage du changement de Clé. On y peut re-remarquer aussi que dans les changemens de mode, la fondamentale change toujours, quoique la tonique reste la même ; ce qui dépend des régles que j'ai expliquées ci-devant.

Il reste dans l'étenduë du clavier une difficulté dont il est tems de parler. Il ne suffit pas de connoître le progrès affecté à chaque mode, la fondamentale qui lui est propre, si cette fondamentale est tonique ou médiante, ni enfin de la sçavoir raporter à place qui lui convient dans l'étenduë de la gamme naturelle, mais il faut encore sçavoir à quelle octave, & en un mot à quelle touche précise du clavier elle doit appartenir.

Le grand clavier ordinaire a cinq octaves d'étendue, & je m'y bornerai pour cette explication, en remarquant seulement qu'on est toujours libre de le prolonger de part & d'autre tout aussi loin qu'on voudra sans rendre la notte plus diffuse ni plus incommode.

Suppofons donc que je sois à la Clé d'*ut* c'est-à-dire au ton d'*ut* majeur ou de *la* mineur qui constitue le clavier naturel. Le clavier se trouve alors disposé de sorte que depuis le premier *ut* d'en bas jusqu'au dernier *ut* d'en haut je trouve quatre octaves complettes outre les deux portions qui restent en haut & en bas entre l'*ut*, & le *fa* qui termine le clavier de part & d'autre.

J'appelle A, la premiére octave comprise entre l'*ut* d'en bas & le suivant vers la droite, c'est-à-dire, tout ce qui est renfermé entre 1 & 7 inclusivement. J'appelle B. l'octave qui commence au second *ut* comptant de même vers la droite; C la troisiéme, D la quatriéme, &c. jusqu'à E ou commence une cinquiéme octave qu'on pousseroit plus haut si l'on vouloit. A l'égard de la portion d'en bas qui commence au premier *fa* & se termine au premier *si* comme elle est imparfaite ne commençant point par la fondamentale, nous l'appellerons l'Octave X; & cette lettre X servira dans toute sorte de tons à désigner les nottes qui resteront au bas du clavier au-dessous de la premiére tonique.

Suppofons que je veuille notter un air à la Clé d'*ut*, c'est-à-dire, au ton d'*ut* majeur ou de *la* mineur; j'écris *ut* au haut de la page à la marge, & je le rends médiante ou tonique suivant que j'y ajoute ou non la petite ligne horizontale.

Sçachant ainsi quelle corde doit être la fondamentale du ton, il n'est plus question que de trouver dans laquelle des cinq octaves roule davantage le Chant que j'ai à exprimer & d'en écrire la lettre au commencement de la ligne sur laquelle je place mes nottes. Les deux espaces au-dessus & au-dessous représenteront les étages contigus, & serviront pour les nottes qui peuvent excéder en haut ou en bas l'octave représentée par la lettre que j'ai mise au commencement de la ligne. J'ai déja remarqué que si le Chant se trouvoit assez bizarre pour passer cette étendue, on seroit toujours libre d'ajouter une ligne en haut ou en bas, ce qui peut quelquefois avoir lieu pour les instrumens.

Mais comme les Octaves se content toujours d'une fondamentale à l'autre, & que ces fondamentales sont différentes suivant les différens tons où l'on est, les octaves se prennent aussi sur différens dégrés, & sont tantôt plus hautes ou plus basses, suivant que leur fondamentale est éloignée du *C sol ut* naturel.

Pour représenter clairement cette mécanique, j'ai joint ici (voyez la planche) une table générale de tous les sons du clavier, ordonnés par raport aux douze cordes du système chromatique prises successivement pour fondamentales.

On y voit d'une maniére simple & sensible le progrès des différens sons par raport au ton où l'on est. On verra aussi par l'explication suivante comment elle facilite la pratique des instrumens au point de n'en faire qu'un jeu, non-seulement par raport aux instrumens à touches marquées, comme le Basson, le Hautbois, la Flutte, la Basse de Viole, & le Clavecin, mais encore à l'égard du Violon, du Violoncelle & de toute autre espéce sans exception.

Cette table représente toute l'étenduë du clavier combiné sur les douze cordes : le clavier naturel où l'*ut* conserve son propre nom se trouve ici au sixiéme rang marqué par une étoile à chaque extrêmité, & c'est à ce rang que tous les autres doivent se raporter comme au terme commun de comparaison. On voit qu'il s'étend depuis le *fa* d'en bas jusqu'à celui d'en haut à la distance de cinq octaves, qui font ce qu'on appelle le grand clavier.

J'ai déja dit que l'intervalle compris depuis le premier 1 jusqu'au premier 7 qui le suit vers la droite s'apelle A ; que l'intervalle compris depuis le second 1 jusqu'à l'autre 7 s'appelle l'octave B ; l'autre, l'octave C, &c. jusqu'au cinquiéme 1 ou commence l'octave E que je n'ai portée ici que jusqu'au *fa*. A l'égard des quatre nottes qui sont à la gauche du premier *ut*, j'ai dit encore qu'elles appartiennent à l'octave X, à laquelle je donne ainsi une lettre hors de rang pour exprimer que cette octave n'est pas complette, parce qu'il faudroit pour parvenir jusqu'à l'*ut* descendre plus bas que le clavier ne le permet.

Mais si je suis dans un autre ton, comme par exemple à la Clé de *re*, alors ce *re* change de nom & devient *ut*, c'est pourquoi l'octave A comprise depuis la premiére tonique jusqu'à sa septiéme notte est d'un dégré plus élevée que l'octave correspondante du ton précédent, ce qu'il est aisé de voir par la table, puisque cet *ut* du troisiéme rang, c'est-à-dire de la Clé de *re* correspond au *re* de la Clé naturelle d'*ut* sur lequel il tombe perpendiculairement, & par la même raison l'octave X y a plus de nottes que la même octave de la Clé d'*ut*, parce que les octaves en s'élévant davantage s'éloignent de la plus basse notte du clavier.

Voilà pourquoi les octaves montent depuis la Clé d'*ut* jusqu'à la Clé de *mi*, & descendent depuis la même Clé d'*ut* jusqu'à celle de *fa* : car ce *fa* qui est la plus basse notte du clavier devient alors fondamentale & commence, par conséquent, la premiére octave A.

Tout ce qui eſt donc compris entre les deux premiéres lignes obliques vers la gauche eſt toujours de l'octave A, mais à différens dégrés ſuivant le ton où l'on eſt. La même touche, par exemple, ſera *ut* dans le ton majeur de *mi*, *re* dans celui de *re*, *mi* dans celui d'*ut*, *fa* dans celui de *ſi*, *ſol* dans celui de *la*, *la* dans celui de *ſol*, *ſi* dans celui de *fa*. C'eſt toujours la même touche parce que c'eſt la même colonne, & c'eſt la même octave, parce que cette colonne eſt renfermée entre les mêmes lignes obliques. Donnons un exemple de la façon d'exprimer le Ton, l'octave & la touche ſans équivoque. (Voyez la pl. Exemp. 11.)

Cet exemple eſt à la Clé de *re*, il faut donc le raporter au quatriéme rang répondant à la même Clé, l'octave B. marquée ſur la ligne montre que l'intervalle ſupérieur dans lequel commence le chant répond à l'octave ſupérieure C: ainſi la notte 3 marquée d'un *a* dans la table eſt juſtement celle qui répond à la premiére de cet exemple. Ceci ſuffit pour faire entendre que dans chaque partie on doit mettre ſur le commencement de la ligne la lettre correſpondante à l'octave dans laquelle le chant de cette partie roule le plus, & que les eſpaces qui ſont au-deſſus & au-deſſous ſeront pour les octaves ſupérieure & inférieure.

Les lignes horizontales ſervent à ſéparer de demi-ton en demi-ton les différentes fondamentales dont les noms ſont écris à la droite de la table.

Les lignes perpendiculaires montrent que toutes les nottes traverſées de la même ligne ne ſont toujours qu'une même touche dont le nom naturel, ſi elle en a un, ſe trouve au ſixiéme rang & les autres noms dans les autres rangs de la même colonne ſuivant les differens tons où l'on eſt. Ces lignes perpendiculaires ſont de deux ſortes ; les unes noires qui ſervent à montrer que les chiffres qu'elles joignent repréſentent une touche naturelle, & les autres ponctuées qui ſont pour les touches blanches ou altérées, de façon qu'en quelque ton que l'on ſoit on peut connoître ſur le champ par le moyen de cette table quelles ſont les nottes qu'il faut altérer pour exécuter dans ce ton-là.

Les Clés que vous voyez au commencement ſervent à déterminer quelle notte doit porter le nom d'*ut*, & à marquer le ton comme je l'ai déja dit; il y en a cinq qui peuvent être doubles parce que le bémol de la ſupérieure marqué *b*, & le diéſe de l'inférieure marqué *d* produiſent le même effet *. Il ne ſera pas mal cependant de s'en tenir aux dénominations que j'ai choiſies, & qui, abſtraction faite de toute autre raiſon, ſont du moins préférables parce qu'elles ſont les plus uſitées.

Il eſt encore aiſé par le moyen de cette table de marquer préciſément l'étenduë de chaque partie tant vocale qu'inſtrumentale, & la place qu'elle occupera dans ces différentes octaves ſuivant le ton où l'on ſera.

Je ſuis convaincu qu'en ſuivant exactement les principes que je viens d'expliquer, il n'eſt point de Chant qu'on ne ſoit en état de ſolfier en très peu de tems & de trouver de même ſur quelque inſtrument que ce ſoit avec toute la facilité poſſible. Rappellons un peu en détail ce que j'ai dit ſur cet article.

* Ce n'eſt qu'en vertu du temperamment que la même touche peut ſervir de diéſe à l'une & de bémol à l'autre, puiſque d'ailleurs, perſonne n'ignore que la ſomme de deux demi-tons mineurs ne ſçauroient faire un ton.

Au lieu de commencer d'abord à faire exécuter machinalement des Airs à cet Ecolier ; au lieu de lui faire toucher tantôt des diéfes, tantôt des bémols fans qu'il puiffe concevoir pourquoi il le fait, que le premier foin du Maître foit de lui faire connoître à fond tous les fons de fon inftrument par raport aux différens tons fur lefquels ils peuvent être pratiqués.

Pour cela, après lui avoir appris les noms naturels de toutes les touches de fon inftrument, il faut lui préfenter un autre point de vûe & le rappeller à un principe général. Il connoît déja tous les fons de l'octave fuivant l'échelle naturelle, il eft queftion, à préfent, de lui en faire faire l'analyfe. Suppofons-le devant un Clavecin. Le Clavier eft divifé en foixante & une touche : on lui explique que ces touches prifes fucceffivement & fans diftinction de blanches ni de noires expriment des fons qui de gauche à droite vont en s'élevant de demi-ton en demi-ton. Prenant la touche *ut* pour fondement de notre opération, nous trouverons toutes les autres de l'échelle naturelle difpofées à fon égard de la maniére fuivante.

La deuxiéme notte, *re*, à un ton d'intervalle vers la droite, c'eft-à-dire, qu'il faut laiffer une touche intermédiaire entre l'*ut* & le *re* pour la divifion des deux demi-tons.

La troifiéme, *mi*, à un autre ton du *re* & à deux tons de l'*ut*, de forte qu'entre le *re* & le *mi* il faut encore une touche intermédiaire.

La quatriéme, *fa*, à un demi-ton du *mi* & à deux tons & demi de l'*ut* : par conféquent, le *fa* eft la touche qui fuit le *mi* immédiatement fans en laiffer aucune entre deux.

La cinquiéme, *fol*, à un ton du *fa*, & à trois

tons & demi de l'*ut* ; il faut laisser une touche intermediaire.

La sixiéme, *la*, à un ton du *sol*, & à quatre tons & demi de l'*ut* ; autre touche intermédiaire.

La septiéme, *si*, à un ton du *la* & à cinq tons & demi de l'*ut* ; autre touche intermédiaire.

La huitiéme, *ut* d'en haut, à demi ton du *si*, & à six tons du premier *ut* dont elle est l'octave par conséquent le *si* est contigu à l'*ut* qui le suit, sans touche intermédiaire.

En continuant ainsi tout le long du clavier, on n'y trouvera que la replique des mêmes intervalles, & l'Ecolier se les rendra aisément familiers de même que les chiffres qui les expriment & qui marquent leur distance de l'*ut* fondamental. On lui fera remarquer qu'il y a une touche intermédiaire entre chaque dégré de l'octave, excepté entre le *mi* & le *fa*, & entre le *si* & l'*ut* d'en haut où l'on trouve deux intervalles de demi ton chacun qui ont leur position fixe dans l'échelle.

On observera aussi qu'à la Clé d'*ut* toutes les touches noires sont justement celles qu'il faut prendre & que toutes les blanches sont les intermédiaires qu'il faut laisser. On ne cherchera point à lui faire trouver du mystére dans cette distribution & l'on lui dira seulement que comme le clavier seroit trop étendu ou les touches trop petites si elles étoient toutes uniformes, & que d'ailleurs la Clé d'*ut* est la plus usitée dans la Musique, on a, pour plus de commodité, rejetté hors des intervalles les touches blanches qui n'y sont que de peu d'usage. On se gardera bien aussi d'affecter un air sçavant en lui parlant des tons & des demi tons majeurs & mineurs, des comma, du tempéramment ; tout cela est absolument folument inutile à la pratique, du moins pour ce tems-là ; en un mot, pour peu qu'un Maître ait d'esprit & qu'il posséde son Art, il a tant d'occasions de briller en instruisant, qu'il est inexcusable quand sa vanité est à pure perte pour le Disciple.

Quand on trouvera que l'Ecolier posséde assez bien son clavier naturel, on commencera alors à le lui faire transposer sur d'autres Clés, en choisissant d'abord celles où les sons naturels sont les moins altérés. Prenons, par exemple, la Clé de *sol*.

Ce mot *sol*, direz-vous à l'Ecolier, écrit ainsi à la marge signifie qu'il faut transporter au *sol* & à son octave le nom & toutes les propriétés de l'*ut* & de la gamme naturelle. Ensuite, après l'avoir exhorté à se rappeller la disposition des tons de cette gamme, vous l'inviterez à l'appliquer dans le même ordre au *sol* considéré comme fondamentale, c'est-à-dire, comme un *ut* ; d'abord, il sera question de trouver le *re* ; si l'Ecolier est bien conduit, il le trouvera de lui-même, & touchera le *la* naturel qui est précisément par raport au *sol* dans la même situation que le *re* par raport à l'*ut* ; pour trouver le *mi*, il touchera le *si* ; pour trouver le *fa* il touchera l'*ut*, & vous lui ferez remarquer qu'effectivement ces deux dernières touches donnent un demi-ton d'intervalle intermédiaire, de même que le *mi* & le *fa* dans l'Echelle naturelle. En poursuivant de même, il touchera le *re* pour le *sol* & le *mi* pour le *la*. Jusqu'ici il n'aura trouvé que des touches naturelles pour exprimer dans l'Octave *sol* l'échelle de l'Octave *ut* ; de sorte que si vous poursuivez, & que vous demandiez le *si* sans rien ajouter, il est presque immanquable qu'il touchera le *fa* naturel : alors vous l'arréterez-là, & vous lui demanderez s'il ne se souvient pas qu'entre le *la*

& le *si* naturel il a trouvé un intervalle d'un ton & une touche intermédiaire : vous lui montrerez en même tems cet intervalle à la Clé d'*ut*, & revenant à celle de *sol*, vous lui placerez le doigt sur le *mi* naturel que vous nommerez *la* en demandant où est le *si* ; alors il se corrigera sûrement & touchera le *fa* diése ; peut-être touchera-t-il le *sol* : mais au lieu de vous impatienter, il faut saisir cette occasion de lui expliquer si bien la régle des tons & demi-tons par raport à l'octave *ut*, & sans distinction de touches noires & blanches, qu'il ne soit plus dans le cas de pouvoir s'y tromper.

Alors il faut lui faire parcourir le clavier de haut en bas & de bas en haut, en lui faisant nommer les touches conformément à ce nouveau ton, vous lui ferez aussi observer que la touche blanche qu'on y employe y devient nécessaire pour constituer le demi-ton qui doit être entre le *si* & l'*ut* d'enhaut, & qui seroit sans cela entre le *la* & le *si*, ce qui est contre l'ordre de la gamme. Vous aurez soin, sur-tout, de lui faire concevoir qu'à cette Clé-là, le *sol* naturel est réellement un *ut*, le *la* un *re*, le *si* un *mi*, &c. De sorte que ces noms & la position de leurs touches relatives lui deviennent aussi familiéres qu'à la Clé d'*ut*, & que tant qu'il est à la Clé de *sol* il n'envisage le clavier que par cette seconde exposition.

Quand on le trouvera suffisamment exercé, on le mettra à la Clé de *re* avec les mêmes précautions, & on l'amenera aisément à y trouver de lui-même le *mi* & le *si* sur deux touches blanches : cette troisiéme Clé achévera de l'éclaircir sur la situation de tous les tons de l'échelle rélativement à quelque fondamentale que ce soit, & vraisemblablement il n'aura plus besoin d'explication pour trouver l'ordre des tons sur toutes les autres fondamentales.

Il ne sera donc plus question que de l'habitude, & il dépendra beaucoup du Maître de contribuer à la former s'il s'applique à faciliter à l'Ecolier la pratique de tous les intervalles par des remarques sur la position des doigts qui lui en rendent bientôt la méchanique familiére.

Après cela ; de courtes explications sur le mode mineur, sur les altérations qui lui sont propres, & sur celles qui naissent de la modulation dans le cours d'une même piéce, un Ecolier bien conduit par cette méthode doit sçavoir à fond son clavier sur tous les tons dans moins de trois mois, donnons lui en six, au bout desquels nous partirons de là pour le mettre à l'exécution, & je soutiens que s'il a d'ailleurs quelque connoissance des mouvemens il jouera dèslors à livre ouvert les airs nottés par mes caractéres, ceux, du moins, qui ne demanderont pas une grande habitude dans le doigter. Qu'il mette six autres mois à se perfectionner la main & l'oreille, soit pour l'harmonie, soit pour la mesure, & voila dans l'espace d'un an un Musicien du premier ordre, pratiquant également toutes les Clés, connoissant les modes & tous les tons, toutes les cordes qui leur sont propres, toute la suite de la modulation & transposant toute piéce de Musique dans toutes sortes de tons avec la plus parfaite facilité.

C'est ce qui me paroît découler évidemment de la pratique de mon systême & que je suis prêt de confirmer non-seulement par des preuves de raisonnement, mais par l'expérience, aux yeux de quiconque en voudra voir l'effet.

Au reste, ce que j'ai dit du Clavecin s'applique de

même à tout autre inſtrument avec quelques légéres différences par raport aux inſtrumens à manche, qui naiſſent des différentes altérations propres à chaque ton : comme je n'écris ici que pour les Maîtres à qui cela eſt connu, je n'en dirai que ce qui eſt abſolument néceſſaire pour mettre dans ſon jour une objection qu'on pourroit m'oppoſer & pour en donner la ſolution.

C'eſt un fait d'expérience que les différens tons de la Muſique ont tous certain caractére qui leur eſt propre & qui les diſtingue chacun en particulier. L'*A mi la* majeur, par exemple, eſt brillant ; l'*F ut fa* eſt majeſtueux ; le *ſi* bémol majeur eſt tragique ; le *fa* mineur eſt triſte ; l'*ut* mineur eſt tendre ; & tous les autres tons ont de même par préférence je ne ſçais quelle aptitude à exciter tel ou tel ſentiment dont les habiles maîtres ſçavent bien ſe prévaloir. Or puiſque la modulation eſt la même dans tous les tons majeurs, pourquoi un ton majeur exciteroit-il une paſſion, plutôt qu'un autre ton majeur ? Pourquoi le même paſſage du *re* au *fa* produit-il des effets différens quand il eſt pris ſur différentes fondamentales, puiſque le raport demeure le même. Pourquoi cet air joué en A *mi la* ne rend-il plus cette expreſſion qu'il avoit en G *re ſol* ? Il n'eſt pas poſſible d'attribuer cette différence au changement de fondamentale ; puiſque, comme je l'ai dit, chacune de ces fondamentales priſe ſéparément n'a rien en elle qui puiſſe exciter d'autre ſentiment que celui du ſon haut ou bas qu'elle fait entendre : ce n'eſt point proprement par les ſons que nous ſommes touchés : c'eſt par les raports qu'ils ont entre eux, & c'eſt uniquement par le choix de ces raports charmans qu'une belle compoſition peut émouvoir le cœur en flattant l'oreille. Or fi le raport d'un *ut* à un *fol* ou d'un *re* à un *la* eſt le même dans tous les tons, pourquoi produit-il différens effets ?

Peut-être trouveroit-on des Muſiciens embarraſſés d'en expliquer la raiſon ; & elle ſeroit, en effet, très-inexplicable ſi l'on admettoit à la rigueur cette identité de raport dans les ſons exprimés par les mêmes noms & repréſentés par les mêmes intervalles ſur tous les tons.

Mais ces raports ont entre eux de légéres différences ſuivant les cordes ſur leſquelles ils ſont pris, & ce ſont ces différences ſi petites en apparence qui cauſent dans la Muſique cette variété d'expreſſions ſenſible à toute oreille délicate, & ſenſible à tel point qu'il eſt peu de Muſicien qui en écoutant un concert ne connoiſſe en quel ton l'on exécute actuellement.

Comparons, par exemple, le *C ſol ut* mineur, & le *D la re*. Voilà deux modes mineurs deſquels tous les ſons ſont exprimés par les mêmes intervalles & par les mêmes noms, chacun relativement à ſa tonique : cependant l'affection n'eſt point la même, & il eſt inconteſtable que le *C ſol ut* eſt plus touchant que le *D la re*. Pour en trouver la raiſon il faut entrer dans une recherche aſſez longue dont voici à peu près le réſultat. L'intervalle qui ſe trouve entre la tonique *re* & ſa ſeconde notte eſt un peu plus petit que celui qui ſe trouve entre la tonique du *C ſol ut* & ſa ſeconde notte ; au contraire : le demi-ton qui ſe trouve entre la ſeconde notte & la médiante du *D la re* eſt un peu plus grand que celui qui eſt entre la ſeconde notte & la médiante du *C ſol ut* ; de ſorte que la tierce mineure reſtant à peu près égale de part & d'autre, elle eſt partagée dans le *C ſol ut* en deux intervalles un peu plus inégaux que dans le *D la re*.

Ce qui rend l'intervalle du demi-ton plus petit de la même quantité dont celui du ton est plus grand.

On trouve aussi, par l'accord ordinaire du Clavecin, le demi-ton compris entre le *sol* naturel & le *la* bémol un peu plus petit que celui qui est entre le *la* & le *si* bémol. Or plus les deux sons qui forment un demi-ton se raprochent & plus le passage est tendre & touchant, c'est l'expérience qui nous l'apprend, & c'est, je crois, la véritable raison pour laquelle le mode mineur du *C sol ut* nous attendrit plus que celui du *D la re*; que si, cependant, la diminution vient jusqu'à causer de l'altération à l'harmonie, & jetter de la dureté dans le Chant, alors le sentiment se change en tristesse, & c'est l'effet que nous éprouvons dans l'*F ut fa* mineur.

En continuant nos recherches dans ce goût-là, peut-être parviendrions-nous à peu près à trouver par ces différences légéres qui subsistent dans les raports des sons & des intervalles, les raisons des différens sentimens excités par les divers tons de la Musique. Mais si l'on vouloit aussi trouver la cause de ces différences, il faudroit entrer pour cela dans un détail dont mon sujet me dispense, & qu'on trouvera suffisamment expliqué dans les ouvrages de Monsieur Rameau. Je me contenterai de dire ici en général que comme il a fallu pour éviter de multiplier les sons faire servir les mêmes à plusieurs usages, on n'a pu y réussir qu'en les altérant un peu, ce qui fait qu'eu égard à leurs différens raports, ils perdent quelque chose de la justesse qu'ils devroient avoir. Le *mi*, par exemple, considéré comme tierce majeure d'*ut*, n'est point à la rigueur, le même *mi* qui doit faire la quinte du *la*; la différence est petite, à la vérité, mais enfin elle existe, & pour la faire évanouir il a fallu tempérer un peu cette quinte: par ce moyen on n'a employé que le même son pour ces deux usages: mais delà vient aussi que le ton du *re* au *mi* n'est pas de la même espéce que celui de l'*ut* au *re*, & ainsi des autres.

On pourroit donc me reprocher que j'anéantis ces différences par mes nouveaux signes, & que, par-là même, je détruis cette variété d'expression si avantageuse dans la Musique. J'ai bien des choses à répondre à tout cela.

En premier lieu; le tempéramment est un vrai défaut; c'est une altération que l'art a causée à l'harmonie faute d'avoir pu mieux faire. Les harmoniques d'une corde ne nous donnent point de quinte tempérée, & la méchanique du tempéramment introduit dans la modulation des tons si durs, par exemple, le *re* & le *sol* diéses, qu'ils ne sont pas supportables à l'oreille. Ce ne seroit donc pas une faute que d'éviter ce défaut, & sur-tout dans les caractéres de la Musique, qui, ne participant pas au vice de l'instrument devroient, du moins par leur signification, conserver toute la pureté de l'harmonie.

De plus; les altérations causées par les différens tons ne sont point pratiquées par les voix; l'on n'entonne point, par exemple, l'intervalle 4 5 autrement que l'on entonneroit celui-ci 5 6, quoique cet intervalle ne soit pas tout-à-fait le même, & l'on module en chantant avec la même justesse dans tous les tons, malgré les altérations particuliéres que l'imperfection des instrumens introduit dans ces différens tons, & à laquelle la voix ne se conforme jamais à moins qu'elle n'y soit contrainte par l'unisson des instrumens.

E iiij

La nature nous apprend à moduler sur tous les tons précisément dans toute la justesse des intervalles ; les voix conduites par elle le pratiquent exactement. Faut-il nous éloigner de ce qu'elle prescrit pour nous assujettir à une pratique défectueuse, & faut-il sacrifier, non pas à l'avantage, mais au vice des Instrumens l'expression naturelle du plus parfait de tous. C'est ici qu'on doit se rappeller tout ce que j'ai dit ci-devant sur la génération des sons, & c'est par-là qu'on se convaincra que l'usage de mes signes n'est qu'une expression très-fidelle & très-exacte des opérations de la nature.

En second lieu ; dans les plus considérables instrumens, comme l'Orgue, le Clavecin & la Viole, les touches étant fixées, les altérations différentes de chaque ton dépendent uniquement de l'accord, & elles sont également pratiquées par ceux qui en jouent quoiqu'ils n'y pensent point. Il en est de même des Fluttes, des Hautbois, Bassons & autres Instrumens à trous, les dispositions des doigts sont fixées pour chaque son & le seront de même par mes caractéres sans que les Ecoliers pratiquent moins le tempérament pour n'en pas connoître l'expression.

D'ailleurs, on ne sçauroit me faire là-dessus aucune difficulté qui n'attaque en même tems la Musique ordinaire, dans laquelle, bien loin que les petites différences des intervalles de même espéce soient indiquées par quelque marque, les différences spécifiques ne le sont même pas, puisque les tierces ou les sixtes, majeures & mineures, sont exprimées par les mêmes intervalles & les mêmes positions ; au lieu que dans mon systême les différens chiffres employés dans les intervalles de même dénomination font du moins connoître s'ils sont majeurs ou mineurs,

Enfin, pour trancher tout d'un coup tout cette difficulté, c'est au Maître & à l'oreille à conduire l'Ecolier dans la pratique des différens tons & des altérations qui leur sont propres : la Musique ordinaire ne donne point de régles pour cette pratique que je ne puisse appliquer à la mienne avec encore plus d'avantage, & les doigts de l'Ecolier seront bien plus heureusement conduits en lui faisant pratiquer sur son Violon les intervalles avec les altérations qui leur sont propres dans chaque ton en avançant ou reculant un peu le doigt, que par cette foule de diéses & de bémols qui faisant de plus petits intervalles entre eux, & ne contribuant point à former l'oreille, troublent l'Ecolier par des différences qui lui sont long-tems insensibles.

Si la perfection d'un système de Musique consistoit à y pouvoir exprimer une plus grande quantité de sons, il seroit aisé en adoptant celui de M. Sauveur de diviser toute l'étenduë d'une seule octave en 3010 décamérides ou intervalles égaux, dont les sons seroient représentés par des nottes différemment figurées ; mais de quoi serviroient tous ces caractéres, puisque la diversité des sons qu'ils exprimeroient ne seroit non plus à la portée de nos oreilles qu'à celle des organes de notre voix ? Il n'est donc pas moins inutile qu'on apprenne à distinguer l'*ut* double diése du *re* naturel, dès que nous sommes contraints de le pratiquer sur ce même *re*, & qu'on ne se trouvera jamais dans le cas d'exprimer en notte la différence qui doit s'y trouver, parce que ces deux sons ne peuvent être relatifs à la même modulation.

Tenons pour une maxime certaine que tous les sons d'une mode doivent toujours être considérés par le raport qu'ils ont avec la fondamentale de ce mode-là, qu'ainſi les intervalles correſpondans devroient être parfaitement égaux dans tous les tons de même eſpéce; auſſi les conſidére-t-on comme tels dans la compoſition, & s'ils ne le ſont pas à la rigueur dans la pratique, les Facteurs épuiſent du moins toute leur habileté dans l'accord pour en rendre la différence inſenſible.

Mais ce n'eſt pas ici le lieu de m'étendre davantage ſur cet article: ſi de l'aveu de la plus Sçavante Académie de l'Europe mon ſyſtême a des avantages marqués par deſſus la méthode ordinaire pour la Muſique vocale, il me ſemble que ces avantages ſont bien plus conſidérables dans la partie inſtrumentale, du moins, j'expoſerai les raiſons que j'ai de le croire ainſi; c'eſt à l'expérience à confirmer leur ſolidité. Les Muſiciens ne manqueront pas de ſe récrier, & de dire qu'ils exécutent avec la plus grande facilité par la méthode ordinaire & qu'ils ſont de leurs Inſtrumens tout ce qu'on en peut faire par quelque méthode que ce ſoit. D'accord; je les admire en ce point, & il ne ſemble pas en effet qu'on puiſſe pouſſer l'exécution à un plus haut degré de perfection que celui ou elle eſt aujourdui: mais enfin quand on leur fera voir qu'avec moins de tems & de peine on peut parvenir plus ſûrement à cette même perfection, peut-être ſeront-ils contraints de convenir que les prodiges qu'ils opérent ne ſont pas tellement inſéparables des barres, des noires & des croches qu'on n'y puiſſe arriver par d'autres chemins. Proprement, j'entreprens de leur prouver qu'ils ont encore plus de mérite qu'ils ne penſoient, puiſqu'ils ſuppléent par la force de leurs talens aux défauts de la méthode dont ils ſe ſervent.

SUR LA MUSIQUE MODERNE. 19

Si l'on a bien compris la partie de mon syſtême que je viens d'expliquer, on ſentira qu'elle donne un méthode générale pour exprimer ſans exception tous les ſons uſités dans la Muſique, non pas, à la vérité, d'une maniére abſoluë, mais relativement à un ſon fondamental déterminé, ce qui produit un avantage conſidérable en vous rendant toujours préſent le ton de la piéce & la ſuite de la modulation. Il me reſte maintenant à donner une autre méthode encore plus facile pour pouvoir notter tous ces mêmes ſons de la même maniére ſur un rang horizontal, ſans avoir jamais beſoin de lignes ni d'intervalles pour exprimer les différentes octaves.

Pour y ſuppléer donc, je me ſers du plus ſimple de tous les ſignes, c'eſt-à-dire, du point; & voici comment je le mets en uſage. Si je ſors de l'octave par laquelle j'ai commencé pour faire une notte dans l'étenduë de l'octave ſupérieure & qui commence à l'*ut* d'en haut, alors je mets un point au-deſſus de cette notte par laquelle je ſors de mon octave, & ce point une fois placé, c'eſt un avis que non-ſeulement la notte ſur laquelle il eſt, mais encore toutes celles qui la ſuivront ſans aucun ſigne qui le détruiſe devront être priſes dans l'étenduë de cette Octave ſupérieure où je ſuis entré. Par exemple

Ut.   C 1 3 5 1̇ 3 5

Le point que vous voyez ſur le ſecond *ut* marque que vous entrez-là dans l'octave au-deſſus de celle où vous avez commencé, & que par conſéquent le 3 & le 5 qui ſuivent ſont auſſi de cette même octave ſupérieure & ne ſont point les mêmes que vous aviez entonnés auparavant.

Au contraire; ſi je veux ſortir de l'octave où je

me trouve pour paſſer à celle qui eſt au-deſſous, alors je mets le point ſous la notte par laquelle j'y entre.

Ut d 5 3 1 5̣ 3 1

Ainſi ce premier 5 étant le même que le dernier de l'éxemple précédent, par le point que vous voyez ici ſous le ſecond 5 vous êtes averti que vous ſortez de l'octave où vous étiez monté pour rentrer dans celle par où vous aviez commencé précédemment.

En un mot : quand le point eſt ſur la notte vous paſſez dans l'octave ſupérieure, s'il eſt au-deſſous vous paſſez dans l'inférieure, & quand vous changeriez d'octave à chaque notte, ou que vous voudriez monter ou deſcendre de deux ou trois octaves tout d'un coup ou ſucceſſivement, la régle eſt toujours générale & vous n'avez qu'à mettre autant de points au-deſſous ou au-deſſus que vous avez d'octaves à deſcendre ou à monter.

Ce n'eſt pas à dire qu'à chaque point vous montiez ou vous deſcendiez d'une octave : mais à chaque point vous entrez dans une octave différente, dans un autre étage ſoit en montant, ſoit en deſcendant, par raport au ſon fondamental *ut* lequel ainſi ſe trouve bien de la même octave en deſcendant diatoniquement, mais non pas en montant : Le point, dans cette façon de notter, équivaut aux lignes & aux intervalles de la précédente ; tout ce qui eſt dans la même poſition appartient au même point, & vous n'avez beſoin d'un autre point que lorſque vous paſſez dans une autre poſition, c'eſt-à-dire, dans une autre octave. Surquoi il faut remarquer que je ne me ſers de ce mot d'octave qu'abuſivement & pour ne pas multiplier inutilement les termes, parce que pro-

SUR LA MUSIQUE MODERNE. 61
prement l'étenduë que je désigne par ce mot n'est remplie que d'un étage de sept nottes, l'*ut* d'en haut n'y étant pas compris.

Voici une suite de nottes qu'il sera aisé de solfier par les régles que je viens d'établir.

Sol d 1 7 1 2 3 1 5 4 5 6 7 5 1 7 6 5 4 3 2 4 2 1 7 6 5 3 4
d 5 5 1.

Et voici (V. Pl. Ex. 12.) le même éxemple notté suivant la première méthode.

Dans une longue suite de Chant, quoique les points vous conduisent toujours très-juste, ils ne vous font pourtant connoître l'octave où vous vous trouvez que rélativement à ce qui a précédé; c'est pourquoi, afin de sçavoir précisément l'endroit du clavier ou vous êtes, il faudroit aller en remontant jusqu'à la lettre qui est au commencement de l'air, opération exacte, à la vérité, mais d'ailleurs un peu trop longue. Pour m'en dispenser, je mets au commencement de chaque ligne la lettre de l'octave où se trouve, non pas la première notte de cette ligne, mais la derniére de la ligne précédente, & cela afin que la régle des points n'ait pas d'exception.

EXEMPLE.

Fa d 1 7 1 2 3 4 5 6 7 5 1 5 2 5 3 1 4 3 2 1 7 6 5 5 5 4 6 4
e 4 2 7 5 6 4 5 1.

L'*e* que j'ai mis au commencement de la seconde ligne marque que le *fa* qui finit la première est de la cinquiéme octave, de laquelle je sors pour rentrer dans la quatriéme d par le point que vous voyez au-dessous du *si* de cette seconde ligne.

Rien n'est plus aisé que de trouver cette lettre correspondante à la derniére notte d'une ligne, & en voici la méthode.

Comptez tous les points qui sont au-dessus des nottes de cette ligne : comptez aussi ceux qui sont au-dessous, s'ils sont égaux en nombre avec les premiers c'est une preuve que la derniére notte de la ligne est dans la même octave que la premiére & c'est le cas du premier exemple de la page précédente, où après avoir trouvé trois points dessus & autant dessous, vous concluez qu'ils se détruisent les uns les autres, & que par conséquent la derniére notte *fa* de la ligne est de la même octave *d* que la premiére notte *ut* de la même ligne, ce qui est toûjours vrai de quelque maniére que les points soient rangés pourvû qu'il y en ait autant dessus que dessous.

S'ils ne sont pas égaux en nombre, prenez leur différence : comptez depuis la lettre qui est au commencement de la ligne & reculez d'autant de lettres vers l'*a* si l'excès est au-dessous, ou s'il est au-dessus, avancez au contraire d'autant de lettres dans l'Alphabet que cette différence contient d'unités, & vous aurez exactement la lettre correspondante à la derniére notte.

EXEMPLE.

Ut. c 6 3 6 7 1 2 1 7 6 1 5 1 2 3 4 3 2 1 3 6 5 6 7 3 1
c 2 7 1 6 7 5 6 1 4 3 2 1 5 6 2 1 7 6 3 3 4 4 5 5 6 7 1
d 2 7 5 6.

Dans la premiére ligne de cet exemple qui commence à l'étage *c* vous avez deux points au-dessous & quatre au-dessus, par conséquent deux d'excès

SUR LA MUSIQUE MODERNE. 63

pour lesquels il faut ajouter à la lettre *c* autant de lettres suivant l'ordre de l'Alphabet, & vous aurez la lettre *e* correspondante à la derniére notte de la même ligne.

Dans la seconde ligne vous avez au contraire un point d'excès au-dessous, c'est-à-dire qu'il faut depuis la lettre *e* qui est au commencement de la ligne reculer d'une lettre vers l'*a* & vous aurez *d* pour la lettre correspondante à la derniére notte de la seconde ligne.

Il faut de même observer de mettre la lettre de l'octave après chaque premiére & derniére notte des reprises & des rondeaux, afin qu'en partant de là on sçache toujours sûrement si l'on doit monter ou descendre pour reprendre ou pour recommencer. Tout cela s'éclaircira mieux par l'exemple suivant dans lequel cette marque 𝄉 est un signe de reprise.

Mi c 3 4 5 7 1 2 3 4 3 2 1 4 3 2 1 7 6 2 5 b 𝄉 5 c 5 5

b 7 6 4 4 6 2 7 5 1 2 5 7 1 c.

La lettre b que vous voyez après la derniére notte de la premiére partie vous apprend qu'il faut monter d'une sixte pour revenir au *mi* du commencement puisqu'il est de l'octave supérieure *c*, & la lettre *c* que vous voyez également après la premiére & la derniére notte de la seconde partie vous apprend qu'elles sont toutes deux de la même octave, & qu'il faut par conséquent monter d'une quinte pour revenir de la finale à la reprise.

Ces observations sont fort simples & fort aisées à retenir. Il faut avoüer cependant que la méthode des points a quelques avantages de moins que celle de la pofition d'étages & étage que j'ai enfeignée la premiére & qui n'a jamais befoin de toutes ces différences de lettres: l'une & l'autre ont pourtant leur commodité, & comme elles s'apprennent par les mêmes régles & qu'on peut les fçavoir toutes deux enfemble avec la même facilité qu'on a pour en apprendre une féparément, on les pratiquera chacune dans les occafions où elle paroîtra plus convenable. Par éxemple, rien ne fera fi commode que la méthode des points pour ajoûter l'air à des paroles déja écrites, pour notter des petits airs, des morceaux détachés, & ceux qu'on veut envoyer en Province & en général pour la Mufique vocale. D'un autre côté la méthode de pofition fervira pour les partitions & les grandes piéces de Mufique, pour la Mufique inftrumentale, & fur-tout pour commencer les Ecoliers, par ce que la méchanique en eft encore plus fenfible que de l'autre maniére, & qu'en partant de celle-ci déja connue l'autre fe connoît du premier inftant. Les compofiteurs s'en ferviront auffi par préférence à caufe de la diftinction oculaire des différentes octaves. Ils fentiront en la pratiquant toute l'étendue de fes avantages que j'ofe dire tels pour l'évidence de l'harmonie que quand ma méthode n'auroit nul cours dans la pratique, il n'eft point de compofiteur qui ne dût l'employer pour fon ufage particulier & pour l'inftruction de fes éleves.

Voilà ce que j'avois à dire fur la premiére parti de mon fyftême qui regarde l'expreffion des fons paffons à la feconde qui traite de leurs durées.

L'article dont je viens de parler n'eft pas, à beaucoup près auffi difficile que celui-ci, du moins dan la pratique qui n'admet qu'un certain nombre d

fon

sons dont les raports sont fixés, & à peu près les mêmes dans tous les tons au lieu que les différences qu'on peut introduire dans leurs durées peuvent varier presque à l'infini.

Il y a beaucoup d'apparence que l'établissement de la quantité dans la Musique a d'abord été rélatif à celle du langage, c'est-à-dire qu'on faisoit passer plus vîte les sons par lesquels on exprimoit les sillabes bréves & durer un peu plus long-temps ceux qu'on adaptoit aux longues. On poussa bientôt les choses plus loin & l'on établit à l'imitation de la Poësie une certaine régularité dans la durée des sons par laquelle on les assujettissoit à des retours uniformes qu'on s'avisa de mesurer par des mouvemens égaux de la main ou du pied, & d'où, à cause de cela ils prirent le nom de mesures. L'analogie est visible à cet égard entre la Musique & la Poësie. Les vers sont relatifs aux mesures, les pieds aux tems, & les sillabes aux nottes. Ce n'est pas assurément donner dans des absurdités que de trouver des raports aussi naturels, pourvû qu'on n'aille pas, comme le P. Souhaitti, appliquer à l'une les signes de l'autre, & à cause de ce qu'elles ont de semblables, confondre ce qu'elles ont de différent.

Ce n'est pas ici le lieu d'examiner en Physicien d'où naît cette égalité merveilleuse que nous éprouvons dans nos mouvemens quand nous battons la mesure; pas un tems qui passe l'autre; pas la moindre différence dans leur durée successive sans que nous ayons d'autre régle que notre oreille pour la déterminer: il y a lieu de conjecturer qu'un effet aussi singulier part du même principe qui nous fait entonner naturellement toutes les consonances. Quoiqu'il en soit, il est clair que nous avons un sentiment sûr pour juger du raport des mouvemens, tout comme de celui des fons, & des organes toujours prêts à exprimer les uns & les autres felon les mêmes raports, & il me fuffit, pour ce que j'ai à dire, de remarquer le fait fans en rechercher la caufe.

Les Muficiens font de grandes diftinctions dans ces mouvemens, non feulement quand aux divers dégrès de viteffe qu'ils peuvent avoir, mais auffi quand au genre même de la mefure, & tout cela n'eft qu'une fuite du mauvais principe par lequel ils ont fixé les différentes durées des fons : car pour trouver le raport des uns aux autres, il a fallu établir un terme de comparaifon, & il leur a plû de choifir pour ce terme une certaine quantité de durée qu'ils ont déterminée par une figure ronde; ils ont enfuite imaginé des nottes de plufieurs autres figures dont la valeur eft fixée par raport à cette ronde en proportion fous-double. Cette divifion feroit affez fupportable, quoiqu'il s'en faille de beaucoup qu'elle n'ait l'univerfalité néceffaire, fi le terme de comparaifon, c'eft-à-dire, fi la durée de la ronde étoit quelque chofe d'un peu moins vague : mais la ronde va tantôt plus vîte, tantôt plus lentement fuivant le mouvement de la mefure où l'on l'employe, & l'on ne doit pas fe flater de donner quelque chofe de plus précis en difant qu'une ronde eft toujours l'expreffion de la durée d'une mefure à quatre, puifqu'outre que la durée même de cette mefure n'a rien de déterminé, on voit communément en Italie des mefures à quatre & à deux contenir deux & quelquefois quatre rondes.

C'eft pourtant ce qu'on fuppofe dans les chiffres des mefures doubles; le chiffre inférieur marque le nombre de nottes d'une certaine valeur contenues

SUR LA MUSIQUE MODERNE. 67

dans une mesure à quatre tems, & le chiffre supérieur marque combien il faut de ces mêmes nottes pour remplir une mesure de l'air que l'on va notter : mais pourquoi ce rapport de tant de différentes mésures à celle de quatre tems qui leur est si peu semblable, ou pourquoi ce raport de tant de différentes nottes à une ronde dont la durée est si peu déterminée ?

On diroit que les inventeurs de la Musique ont pris à tâche de faire tout le contraire de ce qu'il falloit : d'un côté, ils ont négligé la distinction du son fondamental indiqué par la nature & si nécessaire pour servir de terme commun au raport de tous les autres, & de l'autre, ils ont voulu établir une durée absolue & fondamentale, sans pouvoir en déterminer la valeur.

Faut-il s'étonner si l'erreur du principe a tant causé de défauts dans les conséquences; défauts essentiels à la pratique & tout propres à retarder longtems les progrès des écoliers.

Les Musiciens reconnoissent au moins quatorze mesures différentes dont voici les signes. 2, 3, c, $\frac{3}{2}, \frac{2}{4}, \frac{3}{4}, \frac{6}{4}, \frac{9}{4}, \frac{12}{4}, \frac{3}{8}, \frac{6}{8}, \frac{9}{8}, \frac{12}{8}, \frac{3}{16}, \frac{6}{16}.$

Or si ces signes sont institués pour déterminer autant de mouvemens différens en espéce, il y en a beaucoup trop, & s'ils le sont, outre cela, pour exprimer les différens dégrés de vitesse de ces mouvemens, il n'y en a pas assez. D'ailleurs, pourquoi se tourmenter si fort pour établir des signes qui ne servent à rien, puisqu'indépendamment du genre de la mesure, on est presque toujours contraint d'ajouter un mot au commencement de l'air, qui détermine l'espéce & le dégré du mouvement.

F ij

Cependant, on ne sçauroit contester que la diversité de ces mesures ne brouille les commençans pendant un tems infini, & que tout cela ne naisse de la fantaisie qu'on a de les vouloir raporter à la mesure à quatre tems, ou d'en vouloir raporter les nottes à la valeur de la ronde.

Donner aux mouvemens & aux nottes des raports entiérement étrangers à la mesure où l'on les employe, c'est proprement leur donner des valeurs absolues en conservant l'embarras des relations ; aussi voit-on suivre de là des équivoques terribles qui sont autant de piéges à la précision de la Musique & au goût du Musicien. En effet, n'est-il pas évident qu'en déterminant la durée des rondes, blanches, noires, croches &c. non par la qualité de la mesure où elles se rencontrent, mais par celle de la notte même, vous trouvez à tout moment la relation en opposition avec le sens propre. De-là vient, par exemple, qu'une blanche dans une certaine mesure passera beaucoup plus vîte qu'une noire dans une autre, laquelle noire ne vaut cependant que la moitié de cette blanche, & de-là vient encore que les Musiciens de Province trompés par ces faux raports donnent souvent aux airs des mouvemens tout différens de ce qu'ils doivent être, en s'attachant scrupuleusement à cette fausse relation, tandis qu'il faudra quelquefois passer une mesure à trois tems simples plus vîte qu'une autre à trois huit, ce qui dépend du caprice des Compositeurs, & dont les Opera présentent des exemples à chaque instant.

Il y auroit sur ce point bien d'autres remarques à faire auxquelles je ne m'arrêterai pas. Quand on a imaginé, par exemple, la division sous-double des nottes telle qu'elle est établie, apparemment qu'on n'a pas prévu tous les cas, ou bien l'on n'a pu les embrasser tous dans une régle générale ; ainsi, quand il est question de faire la division d'une notte ou d'un tems en trois parties égales dans une mesure à deux, à trois, ou à quatre, il faut nécessairement que le Musicien le devine, ou bien qu'on l'en avertisse par un signe étranger qui fait exception à la régle.

C'est en examinant les progrès de la Musique que nous pourrons trouver le reméde à ces défauts. Il y a deux cens ans que cet Art étoit encore extrêmement grossier. Les rondes & les blanches étoient presque les seules nottes qui y fussent employées, & l'on ne regardoit une croche qu'avec frayeur. Une Musique aussi simple n'amenoit pas de grandes difficultés dans la pratique, & cela faisoit qu'on ne prenoit pas non plus grand soin pour lui donner de la précision dans les signes ; on négligeoit la séparation des mesures, & l'on se contentoit de les exprimer par la figure des nottes. A mesure que l'Art se perfectionna & que les difficultés augmentérent, on s'apperçut de l'embarras qu'il y avoit, dans une grande diversité de nottes, de faire la distinction des mesures, & l'on commença à les séparer par des lignes perpendiculaires ; on se mit ensuite à lier les croches pour faciliter les tems, & l'on s'en trouva si bien, que, depuis lors, les caractéres de la Musique sont toujours restés à peu près dans le même état.

Une partie des inconvéniens subsiste pourtant encore, la distinction des tems n'est pas toujours trop bien observée dans la Musique instrumentale, & n'a point lieu du tout dans le vocal : il arrive de-là qu'au milieu d'une grande mesure l'Ecolier ne sçait où il en est, sur-tout lorsqu'il trouve une quantité de croches & de doubles-croches détachées, dont il faut qu'il faſſe lui-même la diſtribution.

Une réflexion toute ſimple ſur l'uſage des lignes perpendiculaires pour la ſéparation des meſures, nous fournira un moyen aſſuré d'anéantir ces inconvéniens. Toutes les nottes qui ſont renfermées entre deux de ces lignes dont je viens de parler, font juſtement la valeur d'une meſure : qu'elles ſoient en grande ou petite quantité, cela n'intéreſſe en rien la durée de cette meſure qui eſt toujours la même; ſeulement ſe diviſe-t-elle en parties égales ou inégales, ſelon la valeur & le nombre des nottes qu'elle renferme : mais enfin ſans connoître préciſément le nombre de ces nottes ni la valeur de chacune d'elles, on ſçait certainement qu'elles forment toutes enſemble une durée égale à celle de la meſure où elles ſe trouvent.

Séparons les tems par des virgules comme nous ſéparons les meſures par des lignes, & raiſonnons ſur chacun de ces tems de la même manière que nous raiſonnons ſur chaque meſure : nous aurons un principe univerſel pour la durée & la quantité des nottes, qui nous diſpenſera d'inventer de nouveaux ſignes pour la déterminer, & qui nous mettra à portée de diminuer de beaucoup le nombre des différentes meſures uſitées dans la Muſique, ſans rien ôter à la variété des mouvemens.

Quand une notte ſeule eſt renfermée entre les deux lignes d'une meſure, c'eſt un ſigne que cette notte remplit tous les tems de cette meſure & doit durer autant qu'elle : dans ce cas, la ſéparation des tems ſeroit inutile, on n'a qu'à ſoutenir le même ſon pendant toute la meſure. Quand la meſure eſt diviſée

SUR LA MUSIQUE MODERNE. 71

en autant de nottes égales qu'elle contient de tems, on pourroit encore se dispenser de les séparer, chaque notte marque un tems, & chaque tems est rempli par une notte; mais dans le cas que la mesure soit chargée de nottes d'inégales valeurs, alors il faut nécessairement pratiquer la séparation des tems par des virgules, & nous la pratiquerons même dans le cas précédent, pour conserver dans nos signes la plus parfaite uniformité.

Chaque tems compris entre deux virgules, ou entre une virgule & une ligne perpendiculaire, renferme une notte ou plusieurs. S'il ne contient qu'une notte, on conçoit qu'elle remplit tout ce tems-là, rien n'est si simple : s'il en renferme plusieurs, la chose n'est pas plus difficile ; divisez ce tems en autant de parties égales qu'il comprend de nottes : appliquez chacune de ces parties à chacune de ces nottes, & passez-les de sorte que tous les tems soient égaux.

Exemple du premier cas.

Re 3 || d 1,2,3 | 7̇,1̇,2̇ | 6̣,7,1̇ | 5̊,4,3 | 1̇,2̇,3̇ |
d 7,1̇,2̇ | 6̣,7,5̊ | 6 c.

Exemple du second.

Ut 2 || c 1 7,1̇ 2̇ | 3 2,3 1 | 5 4,5 6 | 7 6,7 5 | 1̇ 4,5 5 | ib.

Exemple de tous les deux.

Fa 3 || d 3,4,5 | 6 5,4 3,2̊ 1 | 2,5,1̇ | 1̇,6̣,2̇ | 2̇,7,3̇ | 3,
d 1,4 | 4,3 2,3 4 | 2̊ 3,4,5 | 6 5,4 3,2̊ 1 | 2,5,1̇ 2̇ |
d 7 1̇,6̣,2̇ 3̇ | 1̇ 2̇,7,3̇ 4̇ | 2̇ 3,1,4 5 | 3 4,2,5 6 | 4 5,

F iiij

72   DISSERTATION

d 3,6 | 62,3̂,2 | 1,567,121 | 717,671,232 |
d 121,712,343 | 232,123,454 | 343,234,
d 565 | 454,32,34 | 2̂,5567,1͡ | 1217,6671,
d 2͡ | 2321,7712,3͡ | 3432,1123,4 | 4543,
d 2234,5͡ | 5654,3345,6671 | 12,3̂,2 | 1 d.

On voit dans les exemples précédens que je conserve les cadences & les liaisons comme dans la Musique ordinaire, & que pour distinguer le chiffre qui marque la mesure d'avec ceux des nottes, j'ai soin de le faire plus grand & de l'en séparer par une double ligne perpendiculaire.

Avant que d'entrer dans un plus grand détail sur cette méthode, remarquons d'abord combien elle simplifie la pratique de la mesure en anéantissant tout d'un coup toutes les mesures doubles : car, comme la division des nottes est prise uniquement dans la valeur des tems & de la mesure où elles se trouvent, il est évident que ces nottes n'ont plus besoin d'être comparées à aucune valeur extérieure pour fixer la leur ; ainsi la mesure étant uniquement déterminée par le nombre de ses tems, on la peut très-bien réduire à deux espéces ; sçavoir, mesure à deux, & mesure à trois. A l'égard de la mesure à quatre, tout le monde convient qu'elle n'est que l'assemblage de deux mesures à deux tems : elle est traitée comme telle dans la composition, & l'on peut compter que ceux qui prétendroient lui trouver quelque propriété particuliére, s'en rapporteroient bien plus à leurs yeux qu'à leurs oreilles.

Que le nombre des tems d'une mesure naturelle, sensible & agréable à l'oreille, soit borné à trois, c'est un fait d'expérience que toutes les spéculations du monde ne détruisent pas, on auroit beau chercher de subtiles analogies entre les tems de la mesure & les harmoniques d'un son, on trouveroit aussitôt une sixiéme consonance dans l'harmonie, qu'un mouvement à cinq tems dans la mesure, & quelle qu'en puisse être la raison, il est incontestable que le plaisir de l'oreille & même sa sensibilité à la mesure ne s'étend pas plus loin.

Tenons nous en donc à ces deux genres de mesures, à deux & à trois tems : chacun des tems de l'une & de l'autre peuvent de même être partagés en deux ou en trois parties égales, & quelquefois en quatre, six, huit, &c. par des subdivisions de celles-ci, mais jamais par d'autres nombres qui ne seroient pas multiples de deux ou de trois.

Or qu'une mesure soit à deux ou à trois tems, & que la division de chacun de ses tems soit en deux ou en trois parties égales, ma méthode est toujours générale, & exprime tout avec la même facilité. On l'a déja pû voir par le dernier exemple precédent & l'on le verra encore par celui-ci, dans lequel chaque tems d'une mesure à deux, partagé en trois parties égales exprime le mouvement de six huit dans la Musique ordinaire.

$Ut\,2 \,||\, d, 3\,6\,\dot{1} \,|\, 1\,7\,6, 6\,\mathfrak{s}\,6 \,|\, 7\,3\,\dot{1}, 7\,\dot{1}\,2 \,|\, 1\,7\,6, \dot{2} \,|\, \widehat{2\,\overset{x}{1}\,7},$

$d\,\dot{1}\,7\,6 \,|\, \overset{x}{\mathfrak{s}}, 3\,6\,\dot{1} \,|\, 1\,7\,6, 6\,\mathfrak{s}\,6 \,|\, 7\,3\,\dot{1}, 1\,4\,7 \,|\, \widehat{\dot{2}, 2\,1\,7} \,|$

$d\,\dot{1}\,7\,6, 3\,6\,\underset{x}{\mathfrak{s}} \,|\, 6.$

74 DISSERTATION

Les nottes dont deux égales rempliront un tems s'appelleront des demie, celles dont il en faudra trois des tiers, celles dont il en faudra quatre des quarts &c.

Mais lorsqu'un tems se trouve partagé de sorte que toutes les nottes n'y sont pas d'égale valeur : pour représenter, par exemple, dans un seul tems une noire & deux croches, je considére ce tems comme divisé en deux parties égales dont la noire fait la premiére & les deux croches ensemble la seconde ; je les lie donc par une ligne droite que je place au-dessus ou au-dessous d'elles, & cette ligne marque que tout ce qu'elle embrasse ne représente qu'une seule notte laquelle doit être subdivisée ensuite en deux parties égales ou en trois ou en quatre suivant le nombre des chiffres qu'elle couvre.

EXEMPLE.

$Fa\,2\,\|\,d,1\,7\,6\,5\,|\,6\,7,\overline{1\,2\,1}\,\overline{7\,1\,6}\,|\,7\,3,\overline{1\,7\,6\,\dot{1}\,2}\,|\,3\,2\,3\,2,$

$d,\overline{1\,7\,6\,7}\,|\,\overline{2\,1\,2\,1},7\,6\,5\,7\,|\,3\,\overline{2\,1},\,\dot{7}\,|\,6.$

La virgule qui se trouve avant la premiére notte dans les deux exemples précédens, désigne la fin du premier tems & marque que le Chant commence par le second.

Quand il se trouve dans un même tems des subdivisions d'inégalités, on peut alors se servir d'une seconde liaison : par exemple, pour exprimer un tems composé d'une noire, d'une croche, & de deux doubles croches on s'y prendroit ainsi.

$Sol\,2\,\|\,d\,1\,3,5\,\overline{1\,2\,1}\,|\,7\,2,5\,\overline{7\,1\,7}\,|\,6\,1,4\,\overline{6\,7\,6}\,|\,5\,6\,7\,5,$

SUR LA MUSIQUE MODERNE. 75

d 1 2 3 1 | 4 6 , 1 4̅5̅4̅ | 3 5 , 1 3̅4̅3̅ | 2 4 , 7 2̅3̅2̅ |
d 1 4 3 4 , 5 5 | i d.

Vous voyez-là que le second tems de la premiére mesure contient deux parties égales, équivalentes à deux noires, sçavoir le 5 pour l'une, & pour l'autre la somme des trois nottes 1 2 1 qui sont sous la grande liaison ; ces trois nottes sont subdivisées en deux autres parties égales, équivalentes à deux croches dont l'une est le premier 1, & l'autre les deux nottes 2 & 1 jointes par la seconde liaison lesquelles sont ainsi chacune le quart de la valeur comprise sous la grande liaison & le huitiéme du tems entier.

En général, pour exprimer réguliérement la valeur des nottes, il faut s'attacher à la division de chaque tems par parties égales, ce qu'on peut toujours faire par la méthode que je viens d'enseigner en y ajoutant l'usage du point dont je parlerai tout à l'heure ; sans qu'il soit possible d'être arrêté par aucune exception. Il ne sera même jamais nécessaire, quelque bizarre que puisse être une Musique de mettre plus de deux liaison sur aucune de ses nottes ni d'en accompagner aucune de plus de deux points, à moins qu'on ne voulût imaginer dans de grandes inégalités de valeurs des quintuples & des sextuples croches dont la rapidité comparée n'est nullement à la portée des voix ni des instrumens, & dont à peine trouveroit-on d'exemple dans la plus grande débauche de cerveau de nos compositeurs.

A l'égard des tenues & des syncopes, je puis comme dans la Musique ordinaire les exprimer avec des nottes liées ensemble par une ligne courbe que nous appellerons liaison de tenue ou chapeau, pour la distinguer de la liaison de valeur dont je viens de parler & qui se marque par une ligne droite. Je puis aussi employer le point au même usage en lui donnant un sens plus universel & bien plus commode que dans la Musique ordinaire. Car au lieu de lui faire valoir toujours la moitié de la notte qui le précede, ce qui ne fait qu'un cas particulier, je lui donne de même qu'aux nottes une valeur déterminée uniquement par la place qu'il occupe, c'est-à-dire, que si le point remplit seul un tems ou une mesure, le son qui a précédé doit être aussi soutenu pendant tout ce tems ou toute cette mesure, & si le point se trouve dans un tems avec d'autres nottes, il fait nombre aussi bien qu'elles & doit être compté pour un tiers ou pour un quart suivant la quantité de nottes que renferme ce tems-là en y comprenant le point : en un mot, le point vaut autant, ou plus, ou moins, que la notte qui l'a précédé & dont il marque la tenue, suivant la place qu'il occupe dans le tems ou il est employé.

Exemple.

$Ut\,2\,\|\,c,1\,|\,54,3\,|\,\cdot 2,43\,|\,\cdot 2,\cdot 1\,|\,5,5,\cdot 4\,|$
$c\,64,\cdot 2\,|\,5432,\cdot 1\,|\,75,\dot{1}\,|\,\cdot,\ddot{7}\,|\,\dot{1}.$

Au reste; il n'est pas à craindre, comme on le voit par cet exemple, que ces points se confondent jamais avec ceux qui servent à changer d'octaves, ils en sont trop bien distingués par leur position pour avoir besoin de l'être par leur figure. C'est pourquoi j'ai négligé de le faire, évitant avec soin de me servir de signes extraordinaires qui distrairoient l'attention sans exprimer rien de plus que la simplicité des miens.

A l'égard du dégré de mouvement, s'il n'est pas déterminé par les caractéres de ma méthode, il est aisé d'y suppléer par un mot mis au commencement de l'air, & l'on peut d'autant moins tirer de là un argument contre mon système que la Musique ordinaire a besoin du même secours; vous avez, par exemple, dans la mesure à trois tems simples cinq ou six mouvemens très différens les uns des autres, & tous exprimés par une noire à chaque tems; ce n'est donc pas la qualité des nottes qu'on employe qui sert à déterminer le mouvement, & s'il se trouve des Maîtres négligens qui s'en fient sur ce sujet au caractére de leur Musique & au goût de ceux qui la liront, leur confiance se trouve si souvent punie par les mauvais mouvemens qu'on donne à leurs airs, qu'ils doivent assez sentir combien il est nécessaire d'avoir à cet égard des indications plus précises que la qualité des nottes.

L'imperfection grossiére de la Musique sur l'article dont nous parlons seroit sensible pour quiconque auroit des yeux: mais les Musiciens ne la voyent point, & j'ose prédire hardiment qu'ils ne verront jamais rien de tout ce qui pourroit tendre à corriger les défauts de leur Art. Elle n'avoit pas échappé à M. Sauveur, & il n'est pas nécessaire de méditer sur la Musique autant qu'il l'avoit fait pour sentir combien il seroit important de ne pas laisser aux mouvemens des différentes mesures une expression si vague, & de n'en pas abandonner la détermination à des gouts souvent si mauvais.

Le système singulier qu'il avoit proposé, & en général tout ce qu'il a donné sur l'Acoustique, quoiqu'assez chimérique selon ses vûes, ne laissoit pas de renfermer d'excellentes choses qu'on auroit bien sçû mettre à profit dans tout autre Art. Rien n'auroit été plus avantageux, par exemple, que l'usage de son Echométre général pour déterminer précisément la durée des mesures & des tems, & cela, par la pratique du monde la plus aisée, il n'auroit été question que de fixer sur une mesure connue la longueur du pendule simple qui auroit fait un tel nombre juste de vibrations pendant un tems, où une mesure d'un mouvement de telle espéce. Un seul chiffre mis au commencement d'un air auroit exprimé tout cela & par son moyen on auroit pû déterminer le mouvement avec autant de précision que l'Auteur même. Le pendule n'auroit été nécessaire que pour prendre une fois l'idée de chaque mouvement : après quoi, cette idée étant reveillée dans d'autres airs par les mêmes chiffres qui l'auroient fait naître, & par les airs mêmes qu'on y auroit déja chantés, une habitude assurée, acquise par une pratique aussi exacte auroit bientôt tenu lieu de régle, & rendu le pendule inutile.

Mais ces avantages mêmes qui devenoient de vrais inconvéniens par la facilité qu'ils auroient donnée aux commençans de se passer de Maîtres & de se former le goût par eux-mêmes, ont, peut-être, été cause que le projet n'a point été admis dans la pratique ; il semble que si l'on proposoit de rendre l'Art plus difficile, il y auroit des raisons pour être plûtôt écouté.

Quoiqu'il en soit, en attendant que l'approbation du Public me mette en droit de m'étendre davantage sur les moyens qu'il y auroit à prendre pour faciliter l'intelligence des mouvemens de même que celle de bien d'autres parties de la Musique sur lesquelles j'ai des remarques à proposer, je puis me borner ici aux expressions de la méthode ordinaire, qui, par des mots mis au commencement de chaque air en indiquent assez bien le mouvement. Ces mots, bien choisis, doivent je crois dédommager & au de-là de ces doubles chiffres & de toutes ces différentes mesures qui malgré leur nombre laissent le mouvement indéterminé & n'apprennent rien aux écoliers ; ainsi, en adoptant seulement le 2 & le 3 pour les signes de la mesure, j'ôte la confusion des caractéres sans altérer la variété de l'expression.

Revenons à notre projet. On sçait combien de figures étranges sont employées dans la Musique pour exprimer les silences ; il y en a autant que de différentes valeurs, & par conséquent, autant que de figures différentes dans les nottes rélatives : on est même contraint de les employer à proportion en plus grande quantité, par ce qu'il n'a pas plû à leurs inventeurs d'admettre le point après les silences de la même maniére & au même usage qu'après les nottes & qu'ils ont mieux aimé multiplier des soupirs, des demi-soupirs, des quarts de soupir à la file les uns des autres que d'établir entre des signes rélatifs une analogie si naturelle.

Mais comme dans ma méthode il n'est point nécessaire de donner des figures particuliéres aux nottes pour en déterminer la valeur, on y est aussi dispensé de la même précaution pour les silences & un seul signe suffit pour les exprimer tous sans confusion & sans équivoque. Il paroît assez indifférent dans cette unité de figure de choisir tel caractére qu'on voudra pour l'employer à cet usage. Le zero a cependant quelque chose de si convenable à cet effet, tant par l'idée de privation qu'il porte communément avec lui, que par sa qualité de chiffre, & sur tout par la simplicité de sa figure, que j'ai cru devoir le préférer. Je l'employe-

80 DISSERTATION

rai donc de la même maniére & dans le même sens par raport à la valeur, que les nottes ordinaires, c'est-à-dire, que les chiffres 1, 2, 3, &c. & les régles que j'ai établies à l'égard des nottes étant toutes applicables à leurs silences rélatifs, il s'en suit que le zero par sa seule position & par les points qui le peuvent suivre lesquels alors exprimeront des silences, suffit seul pour remplacer toutes les pauses, soupirs, demi-soupirs, & autres signes bizarres & superflus qui remplissent la Musique ordinaire.

Exemple tiré des leçons de M. Monteclair.

$Fa\,2\,||\,|\overset{4}{0}|d\,1\,|\,2\,|\,3,1\,|\,5\,|\,3\,|\,5,6\,|\,7,5\,|\,\overset{}{1}\,|\overset{2}{0}|\cdot,5\,|\,\overset{}{1},0\,7\,|$
$d\,6,0\,5\,|\,4,0\,3\,2\,1\,|\,\overset{*}{7},0\,1\,2\,3\,|\,4\,3,\overset{*}{2}\cdot\overline{1}\,|\,1.$

Les chiffres 4 & 2 placés ici sur des zero marquent le nombre de mesures que l'on doit passer en silence.

Tels sont les principes généraux d'où découlent les régles pour toutes sortes d'expressions imaginables sans qu'il puisse naître à cet égard aucune difficulté qui n'ait été prévûe, & qui ne soit résolue en conséquence de quelqu'un de ces principes.

Je finirai par quelques observations qui naissent du parallélle des deux systêmes.

Les nottes de la Musique ordinaire sont elles plus ou moins avantageuses que les chiffres qu'on leur substitue? C'est proprement le fond de la question.

Il est clair, d'abord, que les nottes varient plus par leur seule position que mes chiffres par leur figure & par leur position tout ensemble; qu'outre cela, il y en a de sept figures différentes, autant que j'admets de chiffre pour les exprimer; que les nottes n'ont de signification & de force que par le secours de la Clé;

&

& que les variations des Clés donnent un grand nombre de sens tout différens aux nottes posées de la même maniére.

Il n'est pas moins évident que les raports des nottes & les intervalles de l'une à l'autre n'ont rien dans leur expreſſion par la Muſique ordinaire qui en indique le genre, & qu'ils ſont exprimés par des poſitions difficiles à retenir & dont la connoiſſance dépend uniquement de l'habitude & d'une très-longue habitude: car quelle priſe peut avoir l'eſprit pour ſaiſir juſte & du premier coup d'œil un intervalle de ſixte, de neuviéme, de dixiéme dans la Muſique ordinaire, à moins que la coutume n'ait familiariſé les yeux à lire tout d'un coup ces intervalles?

N'eſt-ce pas un défaut terrible dans la Muſique de ne pouvoir rien conſerver, dans l'expreſſion des octaves, de l'analogie qu'elles ont entre elles? Les octaves ne ſont que les repliques des mêmes ſons, cependant ces repliques ſe préſentent ſous des expreſſions abſolument différentes de celles de leur premier terme. Tout eſt brouillé dans la poſition à la diſtance d'une ſeule octave; la replique d'une notte qui étoit ſur une ligne ſe trouve dans un eſpace, celle qui étoit dans l'eſpace a ſa replique ſur une ligne; montez vous ou deſcendez-vous de deux octaves? Autre différence toute contraire à la premiére: alors les repliques ſont placées ſur des lignes ou dans des eſpaces comme leurs premiers termes: ainſi la difficulté augmente en changeant d'objet, & l'on n'eſt jamais aſſuré de connoître au juſte l'eſpéce d'un intervalle traverſé par un ſi grand nombre de lignes; de ſorte qu'il faut ſe faire d'octave en octave des régles particuliéres qui ne finiſſent point, & qui font de

G

l'étude des intervalles, le terme effrayant & très-rarement atteint de la science du Musicien.

De là cet autre défaut presque aussi nuisible, de ne pouvoir distinguer l'intervalle simple dans l'intervalle redoublé ; vous voyez une notte posée entre la première & la seconde ligne, & une autre notte posée sur la septiéme ligne, pour connoître leur intervalle vous décontez de l'une à l'autre, & après une longue & ennuyeuse opération vous trouvez une douziéme ; or comme on voit aisément qu'elle passe l'octave, il faut recommencer une seconde recherche pour s'assurer enfin que c'est une quinte redoublée, encore pour déterminer l'espéce de cette quinte faut-il bien faire attention aux signes de la Clé, qui peuvent la rendre juste ou fausse suivant leur nombre & leur position.

Je sçais que les Musiciens se font communément des régles plus abrégées pour se faciliter l'habitude & la connoissance des intervalles : mais ces régles mêmes prouvent le défaut des signes en ce qu'il faut toujours compter les lignes des yeux & en ce qu'on est contraint de fixer son imagination d'octave en octave pour sauter de là à l'intervalle suivant, ce qui s'appelle suppléer de génie au vice de l'expression.

D'ailleurs, quand à force de pratique on viendroit à bout de lire aisément tous les genres d'intervalles, de quoi vous servira cette connoissance tant que vous n'aurez point de régle assurée pour en distinguer l'espéce ? Les tierces & les sixtes majeures & mineures, les quintes & les quartes diminuées & superflues, & en général tous les intervalles de même nom, justes ou altérés sont exprimés par la même position indépendamment de leur qualité, ce qui fait que suivant les différentes situations des deux demi-tons de l'octave qui changent de place à chaque ton & à chaque Clé, les intervalles changent auſſi de qualité ſans changer de nom ni de poſition, de là l'incertitude ſur l'intonation & l'inutilité de l'habitude dans les cas où elle ſeroit la plus néceſſaire.

La méthode qu'on a adoptée pour les inſtrumens eſt viſiblement une dépendance de ces défauts, & le raport direct qu'il a fallu établir entre les touches de l'inſtrument & la poſition des nottes, n'eſt qu'un méchant pis aller pour ſuppléer à la ſcience des intervalles & des *relations toniques*, ſans laquelle on ne ſçauroit jamais être qu'un mauvais Muſicien.

Quelle doit être la grande attention du Muſicien dans l'exécution? C'eſt ſans doute d'entrer dans l'eſprit du Compoſiteur, & de s'approprier ſes idées pour les rendre avec toute la fidélité qu'exige le goût de la Piéce. Or l'idée du Compoſiteur dans le choix des ſons eſt toujours relative à la tonique, & par exemple, il n'employera point le *fa* diéſe comme une telle touche du clavier, mais comme faiſant un tel accord ou un tel intervalle avec ſa fondamentale. Je dis donc que ſi le Muſicien conſidére les ſons par les mêmes raports, il fera ſes mêmes intervalles plus exacts & exécutera avec plus de juſteſſe qu'en rendant ſeulement des ſons les uns après les autres, ſans liaiſon & ſans dépendance que celle de la poſition des nottes qui ſont devant ſes yeux, & de ces foules de diéſes & de bémols qu'il faut qu'il ait inceſſamment préſens à l'eſprit; bien entendu qu'il obſervera toujours les modifications particuliéres à chaque ton, qui ſont, comme je l'ai déja dit, l'effet du tempéramment, & dont la connoiſſance pratique, indépendante de tout ſyſtême, ne peut s'acquérir que par l'oreille & par l'habitude.

Quand on prend une fois un mauvais principe, on s'enfile d'inconvéniens en inconvéniens, & souvent on voit évanouir les avantages mêmes qu'on s'étoit proposés. C'est ce qui arrive dans la pratique de la Musique instrumentale; les difficultés s'y présentent en foule. La quantité de positions différentes, de diéses, de bémols, de changemens de Clés, y sont des obstacles éternels au progrès des Musiciens; & après tout cela, il faut encore perdre, la moitié du tems, cet avantage si vanté du raport direct de la touche à la notte, puisqu'il arrive cent fois par la force des signes d'altération simples ou redoublés, que les mêmes nottes deviennent relatives à des touches toutes différentes de ce qu'elles représentent, comme on l'a pu remarquer ci-devant.

Voulez-vous pour la commodité des voix transposer la piéce un demi-ton ou un ton plus haut ou plus bas: Voulez-vous présenter à ce Symphoniste de la Musique nottée sur une Clé étrangére à son instrument ? Le voila embarrassé, & souvent, arrêté tout court si la Musique est un peu travaillée. Je crois, à la vérité, que les grands Musiciens ne seront pas dans le cas ; mais je crois aussi que les grands Musiciens ne le sont pas devenus sans peine, & c'est cette peine qu'il s'agit d'abréger. Parce qu'il ne sera pas tout-à-fait impossible d'arriver à la perfection par la route ordinaire, s'ensuit-il qu'il n'en soit point de plus facile?

Supposons que je veuille transposer & exécuter en *B fa si* une Piéce nottée en *C sol ut* à la Clé de *sol* sur la première ligne : voici tout ce que j'ai à faire ; je quitte l'idée de la Clé de *sol*, & je lui substituë celle de la Clé d'*ut* sur la troisiéme ligne : ensuite j'y ajoute les idées des cinq diéses posés; le premier sur le *fa*, le second sur l'*ut*, le troisiéme sur le *sol*, le quatriéme sur le *re*, & le cinquiéme sur le *la*; à tout cela je joins enfin l'idée d'une octave au-dessus de cette Clé d'*ut*, & il faut que je retienne continuellement toute cette complication d'idées pour l'appliquer à chaque notte, sans quoi me voilà à tout instant hors de ton. Qu'on juge de la facilité de tout cela.

Les chiffres employés de la maniére que je le propose produisent des effets absolument différens. Leur force est en eux-mêmes & indépendante de tout autre signe. Leurs raports sont connus par la seule inspection, & sans que l'habitude ait à y entrer pour rien; l'intervalle simple est toujours évident dans l'intervalle redoublé: une leçon d'un quart d'heure doit mettre toute personne en état de solfier, ou du moins de nommer les nottes dans quelque Musique qu'on lui présente; un autre quart d'heure suffit pour lui apprendre à nommer de même & sans hésiter tout intervalle possible, ce qui dépend, comme je l'ai déja dit, de la connoissance distincte de trois intervalles, de leurs renversemens, & réciproquement du renversement de ceux-ci qui revient aux premiers. Or il me semble que l'habitude doit se former bien plus aisément quand l'esprit en a fait la moitié de l'ouvrage, & qu'il n'a lui-même plus rien à faire.

Non-seulement les intervalles sont connus par leurs genres dans mon sysphysme, mais ils le sont encore par leur espéce. Les tierces & les sixtes sont majeures ou mineures, vous en faites la distinction sans pouvoir vous y tromper; rien n'est si aisé que de sçavoir une fois que l'intervalle 2 4 est une tierce mineure, l'intervalle 2 4 une sixte majeure, l'intervalle 3 1 une sixte mineure, l'intervalle 3 1 une tierce majeure, &c. les quartes & les tierces, les secondes, les quintes & les septiémes, justes, diminuées, ou superflues, ne coûtent pas plus à connoître ; les signes accidentels embarrassent encore moins, & l'intervalle naturel étant connu, il est si facile de déterminer ce même intervalle altéré par un diése ou par un bémol, par l'un & l'autre tout à la fois, ou par deux d'une même espéce, que ce seroit prolonger le discours inutilement que d'entrer dans ce détail.

Appliquez ma méthode aux instrumens, les avantages en seront frapans. Il n'est question que d'apprendre à former les sept sons de la gamme naturelle & leurs différentes octaves sur un *ut* fondamental pris successivement sur les douze cordes * de l'échelle ; ou plûtôt, il n'est question que de sçavoir sur un son donné trouver une quinte, une quarte, une tierce majeure, &c. & les octaves de tout cela, c'est-à-dire, de posséder les connoissances qui doivent être le moins ignorées des Musiciens dans quelque systême que ce soit. Après ces préliminaires si faciles à acquerir, & si propres à former l'oreille, quelques mois donnés à l'habitude de la mesure mettent tout d'un coup l'écolier en état d'éxécuter à livre ouvert : mais d'une exécution incomparablement plus intelligente & plus sure que celle de nos Symphonistes ordinaires Toutes les Clés lui seront également familiéres ; tous

---

* Je dis, les douze cordes, pour n'omettre aucune des difficultés possibles, puisqu'on pourroit se contenter des sept cordes naturelles, & qu'il est rare qu'on établisse la fondamentale d'un ton sur un des cinq sons altérés, excepté peut-être, le *si* bémol. Il est vrai qu'on y parvient assez fréquemment par la suite de la modulation : mais alors, quoiqu'on ait changé de ton, la même fondamentale subsiste toujours, & le changement est amené par des altérations particuliéres.

les tons auront pour lui la même facilité, & s'il s'y trouve quelque différence, elle ne dépendra jamais que de la difficulté particuliére de l'inſtrument, & non d'une confuſion de diéſes, de bémols, & de poſitions différéntes ſi facheuſes pour les commençans.

Ajoutez à cela une connoiſſance parfaite des tons & de toute la modulation, ſuite néceſſaire des principes de ma méthode; & ſur-tout l'univerſalité des ſignes qui rend avec les mêmes nottes les mêmes airs dans tous les tons par le changement d'un ſeul caractére; d'où réſulte une facilité de tranſpoſer un air en tout autre ton, égale à celle de l'éxécuter dans celui où il eſt notté; voilà ce que ſçaura en très peu de tems un Symphoniſte formé par ma méthode. Toute jeune perſonne avec les talens & les diſpoſitions ordinaires & qui ne connoîtroit pas une notte de Muſique, doit, conduite par ma méthode, être en état d'accompagner du Clavecin à livre ouvert toute Muſique qui ne paſſera pas en difficulté celle de nos Opera, au bout de huit mois, & au bout de dix de celle de nos Cantates.

Or ſi dans un ſi court eſpace on peut enſeigner à la fois aſſez de Muſique & d'accompagnement pour exécuter à livre ouvert, à plus forte raiſon un Maître de Flute ou de Violon qui n'aura que la notte à joindre à la pratique de l'inſtrument, pourra-t-il former un Eléve dans le même tems par les mêmes principes.

Je ne dis rien du Chant en particulier, par ce qu'il ne me paroît pas poſſible de diſputer la ſupériorité de mon ſyſtême à cet égard, & que j'ai ſur ce point des exemples à donner plus forts & plus convaincans que tous les raiſonnemens.

Après tous les avantages dont je viens de parler, il eſt permis de compter pour quelque choſe le peu de volume qu'occupent mes caractéres comparé à la diffusion de l'autre Musique, & la facilité de notter sans tout cet embarras de papier rayé, où les cinq lignes de la portée ne suffisant presque jamais, il en faut ajouter d'autres à tout moment qui se rencontrent quelque fois avec les portées voisines ou se mêlent avec les paroles & causent une confusion à laquelle ma Musique ne sera jamais exposée. Sans vouloir en établir le prix sur cet avantage, il ne laisse pas cependant d'avoir une influence à meriter de l'attention ; combien sera-t-il commode d'entretenir des correspondances de Musique sans augmenter le volume des lettres? Quel embarras n'évitera-t-on point dans les Symphonies & dans les partitions de tourner la feuille à tout moment? Et quelle ressource d'amusement n'aura-t-on pas de pouvoir porter sur soi des livres & des recueils de Musique comme on en porte de belles lettres sans se surcharger par un poids ou par un volume embarrassant, & d'avoir, par exemple, à l'Opera un extrait de la Musique joint aux paroles, presque sans augmenter le prix ni la grosseur du livre? Ces considérations ne sont pas, je l'avoue, d'une grande importance, aussi ne les donné-je que comme des accessoires ; ce n'est, au reste, qu'un tissu de semblables bagatelles qui fait les agrémens de la vie humaine, & rien ne seroit si misérable qu'elle, si l'on n'avoit jamais fait d'attention aux petits objets.

 Je finirai mes remarques sur cet article en concluant qu'ayant retranché tout d'un coup par mes caractéres les soixante & dix combinaisons que la différente position des Clés & des accidens produit dans la Musique ordinaire; ayant établi un signe invariable & constant pour chaque son de l'octave dans tous les tons ; ayant établi de même une position très-simple pour les différentes octaves ; ayant fixé toute l'expreſſion des ſons par les intervalles propres au ton où l'on eſt ; ayant conſervé aux yeux la facilité de découvrir du premier regard ſi les ſons montent ou deſcendent ; ayant fixé le dégré de ce progrès avec une évidence que n'a point la Muſique ordinaire ; & enfin ayant abrégé de plus des trois quarts, & le tems qu'il faut pour apprendre à ſolfier, & le volume des nottes, il reſte démontré que mes caractéres ſont préférables à ceux de la Muſique ordinaire.

Une ſeconde queſtion qui n'eſt guéres moins intéreſſante que la premiére, eſt de ſçavoir ſi la diviſion des tems que je ſubſtitue à celles des nottes qui les rempliſſent, eſt un principe général plus ſimple & plus avantageux que toutes ces différences de noms & de figures qu'on eſt contraint d'appliquer aux nottes, conformément à la durée qu'on leur veut donner.

Un moyen ſûr pour décider cela, ſeroit d'éxaminer *à priori* ſi la valeur des nottes eſt faite pour régler la longueur des tems, ou ſi ce n'eſt point, au contraire, par les tems mêmes de la meſure que la durée des nottes doit être fixée. Dans le premier cas, la méthode ordinaire ſeroit inconteſtablement la meilleure, à moins qu'on ne regardât le retranchement de tant de figures comme une compenſation ſuffiſante d'une erreur de principe d'où réſulteroient de meilleurs effets. Mais dans le ſecond cas, ſi je rétablis également la cauſe & l'effet pris juſqu'ici l'un pour l'autre & que par-là, je ſimplifie les régles & j'abrége la pratique, j'ai lieu d'eſpérer que cette partie de mon ſyſtême, dans laquelle, au reſte, on ne m'accuſera d'avoir copié perſonne, ne paroîtra pas moins avantageuſe que la précédente.

Je renvoye à l'ouvrage dont j'ai déja parlé, bien

des détails que je n'ai pû placer dans celui-ci. On y trouvera, outre la nouvelle méthode d'accompagnement dont j'ai parlé dans la Préface, un moyen de reconnoître au premier coup d'œil les longues tirades de nottes en montant ou en descendant afin de n'avoir besoin de faire attention qu'à la premiére & à la derniére; l'expression de certaines mesures syncopées qui se trouvent quelquefois dans les mouvemens vifs à trois tems; une table de tous les mots propres à exprimer les différens dégrés du mouvement; le moyen de trouver d'abord la plus haute & la plus basse notte d'un air & de préluder en conséquence; enfin, d'autres régles particuliéres qui toutes ne sont toujours que des développemens des principes que j'ai proposés ici; & sur-tout, un système de conduite pour les Maîtres qui enseigneront à chanter & à jouer des instrumens, bien different dans la méthode, & j'espere dans le progrès de celui dont on se sert aujourd'hui.

Si donc aux avantages généraux de mon système, si à tous ces retranchemens de signes & de combinaisons, si au développement précis de la théorie, on ajoute les utilités que ma méthode présente pour la pratique; ces embarras de lignes & de portées tous supprimés, la Musique rendue si courte à apprendre, si facile à notter, occupant si peu de volume, exigeant moins de frais pour l'impression, & par conséquent, coutant moins à acquerir; une correspondance plus parfaite établie entre les differentes parties sans que les sauts d'une Clé à l'autre soient plus difficiles que les mêmes intervalles pris sur la même Clé; les accords & le progrès de l'harmonie offerts avec une évidence à laquelle les yeux ne peuvent se refuser; le ton nettement déterminé; toute la suite de la modulation exprimée, & le chemin que l'on a suivi, & le point où l'on est arrivé, & la distance où l'on est du ton principal ; mais sur-tout l'extrême simplicité des principes jointe à la facilité des régles qui en découlent ; peut-être trouvera-t-on dans tout cela de quoi justifier la confiance avec laquelle j'ose présenter ce projet au Public.

AVERTISSEMENT.

LES *caractéres qu'on fait graver n'étant pas encore prêts, on a mieux aimé donner les exemples suivans nottés par la seule méthode des points, que de différer cette édition. On ne tardera pas à voir de la Musique imprimée de l'autre maniére, & c'est alors seulement qu'on pourra bien juger de ses avantages. Au reste ayant trouvé plus de commodité à mettre la notte au-dessous des paroles, je n'ai pas cru devoir m'en faire un scrupule, après avoir osé secouer le joug de l'habitude en des points plus importans.*

On voit par la lecture de cet Ouvrage quelle impression désavantageuse j'avois prise des Musiciens dans les Provinces où j'ai vécu. Le séjour de Paris m'a appris à leur rendre plus de justice, & je sçais qu'il en est plusieurs, non-seulement assez éclairés pour porter les jugemens les plus judicieux, mais encore assez complaisans pour me communiquer leurs lumiéres. C'est de quoi je les prie tous en général, en les assurant de ma reconnoissance, & de ma docilité à en profiter. Je suis fâché de n'être pas à tems de corriger les feuilles de mon Ouvrage ; j'espére, du moins, que le Public reconnoîtra par la façon même dont ces Messieurs le recevront, combien ils sont au-dessus de l'opinion injuste que j'avois conçue d'eux.

MENUET DE DARDANUS.

Re
3 || d 3,4   3,2   3 |4,·,3 | 2   , 3 2,1   2 | 3,·,

Volez, plaifirs, volez, Amour prête leur tes charmes, répare les allarmes qui nous ont troublez.

d 2 | 1,2 1 ,7   6 | 5,4, 3 | 6 , 5 , 1 | 7 c

Que ton empire eft doux, vien, vien, nous voulons

c 5 c,4   3 ,4   5 | 6 | 4 | 5 | 1 , 3   2 ,

tous fentir tes coups, enchaîne nous; mais ne te fers

d 1 | 1,3   2, 1 | 1,3   2, 1 | 6 | 4 5 ,6

que de ces chaînes dont les peines font des bienfaits.

c 7, 1   2 | 3 4 , 5   6 , 7 1 | 4 , 5 , 7 | 1 d.

CARILLON MILANOIS EN TRIO.

Ut
1er Deffus.

|| Campana che fona da lu to è da fef - - - -
c ,,   3 | 6 , 7 , 1 | 7 , 6 , 5 | 6 , 7 , 1 | ·, 2 , 7 | 1 , 2 , 3 |

2d Deffus. 3
                                                        Campana che
|| c ,,   o | · | · | · | ·, ·, 3 | 6 , 7 , 1 |

Baffe.
|| b ,,   o | · | · | · | · | · |

- - - - - - - - - - - - - - - ta   Fa
d 2 ,1 ,7 | 1 ,2 ,3 | ·, 2 ,1 | ·, 7 , 0 | · | 4 |

fona da lu to   è da festa   Fa
d 7, 6, 5 | 6, 7, 1 | ·, 7, 6 | 6, 5, 0 | · | 2 |

                            Fa romper la tef - - - -
b   o | · | · | ·, ·, 3 | 6 , 7 , 1 | 2 , 3 , 4 |

SUR LA MUSIQUE MODERNE. 93

    romper la tef‑ ‑ ‑ ‑ ‑ ‑ ‑ ‑ ‑ ta , Din di ra din di
‖ d 4, 3, 2 | 3 | •, 4, 5, 3 | $\overset{x}{\cdot}$, 2 , 5 | 5, 4, 3 | 2,
    romper la tef‑ ‑ ‑ ‑ ‑ ‑ ‑ ‑ ta , Din di ra din di
‖ d 2, 1, 7 | i̇ | •, 2, 3, 1 | $\overset{x}{\cdot}$, 7 , 3 | 3, 2, 1 | 7,
    ‑ ‑ ‑ ‑ ‑ ‑ ‑ ‑ ‑ ‑ ‑ ‑ ‑ ‑ ta   don
‖ b 5, 6, 7 | 1, 2, 3 | •, 2, 1 | 5, 5, 0 | • | 5,

    ra din di ra din don don don , dan di ra din
‖ d 3, 4 | 5, 4, 3 | 2 | 3 | 4, •, 3 | 4, 3, 2 |
    ra din di ra din don don don , dan di ra din
‖ c 1, 2 | 3, 2, 1 | 7 | i̇ | 2, •, 1 | 2, 1, 7 |
         don   don don don dan di ra din
‖ b •, • | 5 | 5 | i̇ | 6, •, 1 | 4, 2, 5 |

     don   don   don.
‖ d   3 | •,   3 | 3, •, d. ❦
     don   don   don.
‖ d   i̇ | i̇ | i̇, •, d. ❦
don don don don don don don.
‖ b 1, 3, 5 | i̇, 5, 3 | 1, •, b. ❦

    Campa na che fo na da lu ‑ ‑ ‑ ‑ to è da fef‑
‖ d 5 | 5, 3 2, 3 4 | 5, 3 2, 3 4 | 5 | •, 4, 3 | 4,
    Campa na che fo na da lu ‑ ‑ ‑ ‑ to è da fef‑
‖ d 3 | 3, 1̇ 7, 1̇ 2 | 3, 1̇ 7, 1̇ 2 | 3 | •, 2, ♯ | 2,
                                Fa romper la tef‑
‖ b o | • | • | •, •, 6 | 6, 6, 6 | 2̇,

94 DISSERTATION

```
                               - - - - - - - ta, din di
d 21,23|4,21,23| 4 |·,3,2|3,3,3|3,
                               - - - - - - - ta, din di
d 76,7i|2,76,7i| 2 |·,1,7|i,1,1|1,
  ta           Fa romper la testa
c 2,0 |   ·    |·,·5|5,5,5|i,1,0|·,
  ra din di ra din di ra din don, Fa romper la tes-
d 2,1|7,i,2|3,2,1|7,·,3|3,2,3|4,
  ra din di ra din di ra din don, Fa romper la tes-
d 7,6|5,6,7|i,7,6|5,·,i|1,7,i|2,
        don    don    don, Fa romper la tes-
b 0,· | 3  | 3  |3,·,3|6,7,i|2,

d ·,· |·5,43,42| 3 |·4,32,31| 2 |
d ·,· |·3,21,27| i |·2,17,i6| 7 |
b 3,4| 5,6,7|1,2,3| 4, 5, 6|7,i,2|

          - - - - - ta din di ra din di ra din di ra din
d ·3,21,27|i,1,3|3,2,1|7,i,2|3,2,1|
          - - - - - ta din di ra din di ra din di ra din
c ·i,76,75|6,6,i|1,7,6|5,6,7|i,7,6|
  - - - - - - - ta         don    don
b 3,4,5|6,6,0| ·  | 3 | 3 |
```

SUR LA MUSIQUE MODERNE.

```
         don don don dan di ra din      don
    d   7  |  1  |  2,·,1 | 2,1,7 |      1    |
         don don don dan di ra din      don
    c   5  |  6  |  7,·,6 | 7,6,5 |      6    |
         don don don dan di ra din don don don
    b   3  |  6  |  4,·,1 | 4,2,3 |  6 , 1 , 3|

          don       don.
    d      1    | 1,·, d ||
          don       don.
    c      6    | 6,·, c ||
       don don don don.
    b  6 , 3 , 1 | 6,·, a ||
```

ARIETTE DES TALENS LYRIQUES.

Vivement.

Mi

Symphonie.
Basse-continue. **2**

```
   c  o ·5,5 ·1 | 1 76,5 645 | 3 ·2,1 2 3 4 |
   b  o 1,3 1  | 5 5 , 7 5  | 1 1, 1 1    |

   c  5 1 5,·6 4 5 | 6 5 6,·7 1 6 | 2 5 2,·7 | 3 3 2,1 7 6 5 |
   b  7 7, 7 7     | 6 6, 6 6    | 5 5, 7 5 | 1 1, 3 1      |

   c  4 6 2, 0 2 6 1 | 7 2 5 7, 6 1 4 6 | 7 2 5 6, 6·5 6 |
   b  2 2, 4  2      | 5 , 4 2          | 5 5 , 4 2      |

   c  7 2 5 6, 6·5 6 | 7 2 5 6, 6·5 6 | 5 7 5, 2 5 7 2 |
   a  5 , 4 2        | 5 7 1, 2 2     | 5 7 5, 2 5 7 2 |
```

DISSERTATION

```
‖c 5̇ ,053|641 1,·46|51 1̇,·53|641 1,·46|
‖b 554,3 1 | 4 4,.44 | 3 3,·33 | 4 4,·44 |

‖c 51 1̇,·53|66,·71̇|2 1,·76|76,5524|
‖a 1 , 03|44,·44|44,·44|55,·7 5 |

‖d 3513,2572̇|3512,2·12|3512,2·12|
‖b 1 1,·7 5 | 1 ,·7 5 | 1 1,·7 5 |
```

                   L'objet qui
```
‖d 3512,2·12|131,5135| 1 ‖b,o5|5,·1̇|
‖b 1 ,·4 5 |131,5135| 1 , o |o1,31|
```

ré- -gne dans mon
```
‖c 176,5645|3·2,1234|5,·645|6·7,1·6|
‖b 55,·7 5 |11,·1 1 |77,·77|6 6,·6 6|
```

ame des mortels & des Dieux doit être le vain-
```
‖b 2,2 1 7 |1,·1·2| 3 ,·1 |6,66 7 |
‖a 5,· 4|3,·2 | 1,·3 |2, 2 |

‖c o,· 53|641 1,·46|51 1̇,·53|
```
queur,   chaque ins-
```
‖b 5,· o | · | ·,5 5 |
‖a 554,3 1 | 4 4,·44 |33,·3 3 |
```
                                        tant

SUR LA MUSIQUE MODERNE.

```
c 6̄411,4̆6|5̄11,·53|6̄64,775|131,5135|
  tant il m'en flam - - - - - - - - - - - - me
b 6,71 | 5 ,·65| 5 ,·43|    3    |
a 44,44 |33,33 |22,55 |  1, 0    |

c 1, 0 |043,246̇1|725,0| ·  |·2̈57,
  d'une nouvel - le ar deur, il m'enflam- - -
b 6,6  5 | 5̆,·4   3 | 2̱  |2̇,2 |  2
a 4,· 5 | 6,·    4 | 5  | 0  |·5̇,

c,61⁴6|72̇56,6̆·56|72̇56,6̆·56|727,
- - - - - - - - - - me       il    m'en   flam-
c, ·  | ·,20  | 2̇,2 | 5,
b,4̆2  | 55,4̆2 | 5̇5,4̆2 | 7,

c,5725|3·4̄,4̆·34̆|5̄22, o | 0 2̇ 3̇
b,·645|6545,6756|725̇7,61⁴6|72̇56,
a, ·  | 1̇ , 2 | 5̇5,4̆2 | 55,

d, 2 |  0̇    |032,1765|117̇,
b,6·56|7171,2312|   3   |  ·  ,
a,4̆2 |  5  7  1  17 | 6 ,
```

H

98 DISSERTATION

```
‖c, 6543│4,2 ·5│5,4·5│5,·27│331,442│
    me   d'u  ne  nouvelle ardeur
 c, 3 0 │6,7·1│7,6·5│ 5 │ o │
 a, o 6 │2,5·1│2,2│5,·7│1,2│

‖d 543,2312│765,24│ 5 │017,6543│
                          l'objet qui
 b  o  │  ·  │·,o·5│5,·1│
 b  3,4·34│51,22│554,3432│11,31│

‖c 2,o·5│531,131│575,2│·16,
  ré--------------------------gne
 c 176,5645│3·2,1234│5,·645│6·7,
 b 5,·5│11,11│77,77│66,

‖c,4 1 6│552,527 2│ 5 │513,5│
   dans mon  ame des mortels & des Dieux doit
 b, 1·6│ 2,2 17│1,1·2│3,·1│
 a, 6 6│5,·4│3,·2│1,·6│

‖d ·,5·4│552,7527│5,o│·,·267│
   être le vainqueur.   Chaque instant il m'en-
 b 6·6,6 2│ 7 │o,2 3│4,45│
 x 2,2│ 5 │o,·5│22,o 2│
```

SUR LA MUSIQUE MODERNE. 99

‖b i̱ , ·2 1 2 | 3 5̄3̄ , i̱ | · 5̄3̄ , 5̱ | · 4̄1̱ , 4̇3 | 2 5̄1̱ , 6̇ |
  flam -
‖b 3̱ , ·4 3 4 | 5̱ , ·6 5 6 | x̱ , ·1 5 x̱ | 6̱ , ·x̱ 6 7 | i̱ , ·2 6 i̱ |
‖a 6 6̣ , o 6̇ | 3̱ , ·o | 3 3 , 3 3 | 4̱ , o | 4̇4̇ , 4̇4̇ |

‖d ·4̄1̱ , 5̱ | ·4̄3 , 4 | ·3̄2 , 2·3̄ | 7̄2̱5̱ , 2 7 5 2 | 7̱ , i̱ |
  - - - me d'une nouvelle ar   deur ·   il m'en-
‖c 7̱ , 5̱ | 6 , 7 i̱ | i̱ , 7̱ i̱ | 2 | 4 , 3 |
‖b 5̱ , 3 | 4̱ , ·3̱2̱ | 5̱ , ·1 | 5̱ | o |

‖c 5̱ | o 5̈ 1 3 , 2 5 7̇ 2̇ | 3 5 1 2 , 2·1̄2̄ | 3 5 1 2 , 2·1̄2̄ |
  flam me   il m'en-
‖c 2̣ , 5̱ | 5̱ | o | 5̱ , 5̱ |
‖a 5̱ , 4 | 3 1 , 7 5̱ | i̱ i̱ , 7 5̱ | i̱ ị , 7 5̱ |

‖d 3 5̄3̄ , 1 3 5̱ i̱ | 6̄·7̄ , 7̄·6̄7̄ | i̱ 5 5 , o |
  flam - - - - - - - - - - - - - - - - - -
‖b i̱ , ·2 7 i̱ | 2 1 7̇ i̱ , 2 3 1 2 | 3 5 1 3 , 2 4 7̇ 2̇ |
‖a · 3 | 4 , 5 | 1 ï , 7 5̱ |

‖c o 5̈ , 5̱ | o , 5̱ | ·6̄5̱ , 4 3 2 1 | 4 |
  - - - - - - - - - - - - - - - me il m'en-
‖c 3 5 1 2 , 2·1̄2̄ | 3 4̱3̱ , 1 2 5̱ x̱ | 6 , 6 o | i̱ , i̱ |
‖b i̱ ị , 7 5̱ | i̱ , i̱ | 4 , 6̇ | ·1̱ 7̱ , 6 5 4 3 |

H ij

160 DISSERTATION

```
‖d o6̄5,4321|7̄21,7̄1̄76|  5    |2̇,3 4̄|
  flam - - - - - - - - - - - - me d'une nou-
‖c   4    |    .    | ., 4o|7,5 .1̇|
‖b   2    |    5    |o5̱6,7123|4,3 .1̱|

‖d 3̂,2.1̇|1,o5̱3|6̄41̇1,.4̱6|5̄1̇1̇,.5̱3|
  vel - le ardeur
‖c 1̂,7.1̇|  1  |   o   |  .    |
‖b 5̂, 5 |11̇, 11|44, 44| 33, 33|

‖c 6̄41̇1,.4̱6|5̄1̇1̱,.5̱3|66,.7̱1̇|21,.7̱6|
‖a 44, 44|  1, o  |44, 44|44, 44|

‖c 7̂6,5524|3513,2572̇|3512,2̈.1̄2|
‖a 5,.o  |o1̈,75 |11̈,75 |

‖d 3512,2̇.1̄2|3512,2̇.1̄2|13̄1̇,5135|1Fin.
‖a 11,75  |1 ,45 |13̄1̇,5135|1Fin.
```

Je m'abandonne à mon amour extrême, & je

```
‖c o.3, 3 6|5̱|6, 7.1̇|2,.7|1̇|6,1̇.2̇|
‖a 6, 1̇6̇|3̇,2|1, 2.1̱|7 ,3̇|6|o, 6̇|
```

TABLE GÉNÉRALE
De tous les Tons et de touttes les Clefs

	X	A	B	C	D
Clé de Fa	1 2 3 4 5 6 7 1	2 3 4 5 6 7 1 2	3 4 5 6 7 1 2 3	4 5 6 7 1 2 3 4	5 6 7 1 2 3 4 5
de Mi	2 3 4 5 6 7 1 2	3 4 5 6 7 1 2 3	4 5 6 7 1 2 3 4	5 6 7 1 2 3 4 5	6 7 1 2 3 4 5 6
de Mi B	3 4 5 6 7 1 2 3	4 5 6 7 1 2 3 4	5 6 7 1 2 3 4 5	6 7 1 2 3 4 5 6	7 1 2 3 4 5 6 7
de Ré	4 5 6 7 1 2 3 4	5 6 7 1 2 3 4 5	6 7 1 2 3 4 5 6	7 1 2 3 4 5 6 7	1 2 3 4 5 6 7 1
d'Ut D.	5 6 7 1 2 3 4 5	6 7 1 2 3 4 5 6	7 1 2 3 4 5 6 7	1 2 3 4 5 6 7 1	2 3 4 5 6 7 1 2
d'Ut	6 7 1 2 3 4 5 6	7 1 2 3 4 5 6 7	1 2 3 4 5 6 7 1	2 3 4 5 6 7 1 2	3 4 5 6 7 1 2 3
de Si	7 1 2 3 4 5 6 7	1 2 3 4 5 6 7 1	2 3 4 5 6 7 1 2	3 4 5 6 7 1 2 3	4 5 6 7 1 2 3 4
de Si B	1 2 3 4 5 6 7 1	2 3 4 5 6 7 1 2	3 4 5 6 7 1 2 3	4 5 6 7 1 2 3 4	5 6 7 1 2 3 4 5
de la	2 3 4 5 6 7 1 2	3 4 5 6 7 1 2 3	4 5 6 7 1 2 3 4	5 6 7 1 2 3 4 5	6 7 1 2 3 4 5 6
de la B	3 4 5 6 7 1 2 3	4 5 6 7 1 2 3 4	5 6 7 1 2 3 4 5	6 7 1 2 3 4 5 6	7 1 2 3 4 5 6 7
de Sol	4 5 6 7 1 2 3 4	5 6 7 1 2 3 4 5	6 7 1 2 3 4 5 6	7 1 2 3 4 5 6 7	1 2 3 4 5 6 7 1
de Fa D	5 6 7 1 2 3 4 5	6 7 1 2 3 4 5 6	7 1 2 3 4 5 6 7	1 2 3 4 5 6 7 1	2 3 4 5 6 7 1 2

1. L'exemple. Page 25 .... 1 3 5 1 5 3 1
2. Ex. Page 25 .... 7 5 3 1 1 3 5 7
3. La. des Intervalles directs. Page 27 .... 1 5 4 2 6 5 7 1 2 3 5 3
4. La. des Interv. renversés. Page 27 .... 5 1 4 2 6 7 1 2 3 5 3
5. La. des Int. Simples. Page 27 .... 1 2 3 4 5 6 7
6. La. des Int. redoublés. Page 27 .... 1 2 4 5 6 4 7 5
7. La. pour le Mode Majeur de Sol. Page 39 ..... Sol 1 3 2 5 5 7 5 6 6 2 4 7 5 1
8. La. pour le Mode Mineur de Sol. Page 39 ..... Si b 7 6 3 4 6 7 6 4 7 5 6 2 7 7 6
9. La. du passage d'un Ton à un autre. Page 41 . Sol 1 2 5 4 2 3 4 2 5 1 2 3 5 1 5 3
10. La. du passage du Majeur au Mineur ou vice versa. P.41 Si 3 4 5 3 2 1 6 4 3 2 1 7 5 4 7 6 8 6 2 4 5 7 3 5 4 6 8 7 6 5
11. La. P.43 .... Ré b 3 2 1 5 4 3 2 7 5 5 7 6 8 5 6 7 8 6 5
12. La. de la 2.de transition par la p.me Méthode. Sol 1 7 2 3 4 5 6 7 1 7 6 5 4 3 2 1 5 6 7 1

Gravé par D. Vincens.

6.Cx. des Int.

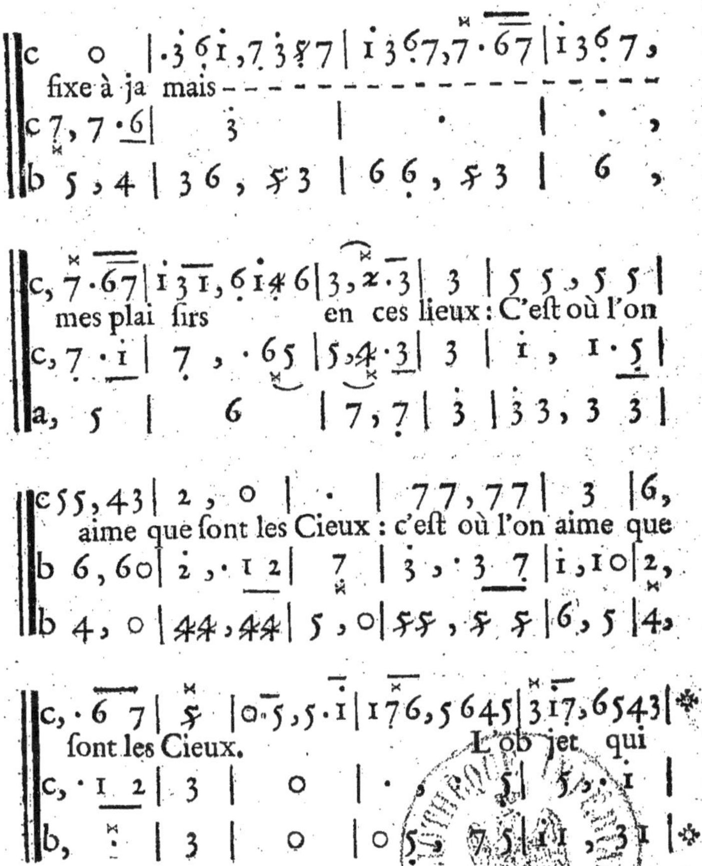

SUR LA MUSIQUE MODERNE.

musical notation with lyrics:

fixe à jamais — mes plaisirs en ces lieux : C'est où l'on aime que sont les Cieux : c'est où l'on aime que sont les Cieux. L'objet qui

FIN.

APPROBATION.

J'Ai lû par ordre de Monseigneur le Chancelier, un manuscrit intitulé *Dissertation sur la Musique Moderne*, &c. Il m'a paru que l'impression de cet Ouvrage ne pouvoit pas manquer d'être utile au Public. A Paris ce 6 Novembre 1742.

CLAIRAUT.

PRIVILEGE DU ROY.

LOUIS, par la grace de Dieu, Roy de France & de Navarre : A nos amez & feaux Conseillers les Gens tenans nos Cours de Parlement, Maîtres des Requêtes ordinaires de notre Hôtel, Grand Conseil, Prevôt de Paris, Baillifs, Sénéchaux, leurs Lieutenans Civils, & autres nos Justiciers qu'il appartiendra ; SALUT. Notre bien amé le Sieur ROUSSEAU Nous a fait exposer qu'il desireroit faire imprimer & donner au Public, un manuscrit qui a pour titre *Dissertation sur la Musique moderne*, s'il nous plaisoit lui accorder nos Lettres de de Privilege sur ce nécessaires. A CES CAUSES voulant traiter favorablement ledit Exposant ; Nous lui avons permis, & permettons par ces Presentes, de faire imprimer ledit manuscrit, en un ou plusieurs Volumes, & autant de fois que bon lui semblera, & de les faire vendre, & débiter par tout notre Royaume, pendant le tems de six années consecutives, à compter du jour de la date desdites Présentes. Faisons défenses à toutes sortes de personnes de quelque qualité & condition qu'elles soient d'en introduire d'impression étrangére dans aucun lieu de notre obéissance ; comme aussi à tous Libraires, Imprimeurs, & autres, d'imprimer, faire imprimer, vendre, faire vendre, débiter, ni contrefaire ledit Ouvrage, ni d'en faire aucun extrait sous quelque prétexte que ce soit d'augmentation, correction, changement de titre, ou autres, sans la permission expresse & par écrit dudit Exposant, ou de ceux qui auront droit de lui ; à peine de confiscation des Exemplaires contrefaits, de trois mille livres d'amende contre chacun des contrevenans, dont un tiers à nous, un tiers à l'Hôtel-Dieu de Paris, & l'autre tiers audit Exposant, ou à celui qui aura droit de lui, & de tous dépens, dommages & interêts ; à la charge que ces Présentes seront enregistrées tout au long sur le Registre de la Communauté des Libraires & Imprimeurs de Paris, dans trois mois de la date d'icelles ; que l'impression dudit Ouvrage sera faite dans notre Royaume & non ailleurs, en bon papier & beaux caracteres, conformément à la feuille imprimée attachée pour modéle sous le contre-scel desdites Présentes, que l'Impétrant se conformera en tout aux Réglemens de la Librairie, & notamment à celui du dix Avril 1725 : & qu'avant que de les exposer en vente, le Manuscrit ou Imprimé qui aura servi de copie à l'impression dudit Ouvrage sera remis dans le même état où l'Approbation y aura été donnée ès mains de notre très-cher & feal Chevalier le Sieur DAGUESSEAU, Chancelier de France, Commandeur de nos Ordres ; & qu'il en sera ensuite remis deux Exemplaires dans notre Bibliotheque publique, un dans celle de notre Château du Louvre, & un dans celle de notre très-cher & feal Chevalier le Sieur DAGUESSEAU, Chancelier de France, le tout à peine de nullité des Présentes, du contenu desquelles vous mandons & enjoignons de faire jouir ledit Exposant & ses ayans cause, pleinement & paisiblement, sans souffrir qu'il leur soit fait aucun trouble ou empêchement : Voulons que la copie desdites Présentes qui sera imprimée tout au long au commencement ou à la fin dudit Ouvrage, soit tenue pour dûment signifiée, & qu'aux copies collationnées par l'un de nos amez & féaux Conseillers & Sécretaires, foi soit ajoutée comme à l'original : commandons au premier notre Huissier ou Sergent sur ce requis, de faire pour l'exécution d'icelles tous actes requis & nécessaires sans demander autre permission, & nonobstant clameur de Haro, Charte Normande & lettres à ce contraire : Car tel est notre plaisir. Donné à Versailles le 7 de Décembre, l'an de grace 1742. & de notre Régne le vingt-huitiéme. Par le Roy en son Conseil.

SAINSON.

Registré, ensemble la Cession ci derriére, sur le Registre XI. de la Chambre Royale des Libraires & Imprimeurs de Paris No. 98. fol. 83. conformement aux anciens Reglemens confirmés par celui du 28. Février 1723, à Paris le 19. Décembre 1742.

SAUGRAIN, Syndic.

Je soussigné reconnois avoir fait part du présent Privilége, par moitié, à G. F. QUILLAU Pere, Imprimeur, Juré-Libraire de l'Université, pour en joüir conjointement avec moi suivant les conventions faites entre nous. A Paris ce 18 Décembre 1742.

ROUSSEAU.

Fautes à corriger.

Page 4 ligne 3 en, *lisez* &
Page 8 derniére ligne, moins, *lif.* le moins
Pag. 11 *lig.* 23 facile, *lif.* faciles
Pag. 41 *lig.* 25 à place, *lif.* à la place
Pag. 64 *premiére ligne* d'étages & étages, *lif.* d'étage en étage
Idem. ligne 20 connoît, *lif.* conçoit
Pag. 71 *lig.* 23 à la fin b, *lif.* c
Pag. 72 *ajoutez un point sous le troisiéme* 7 *de la premiére ligne.*
Pag. 74 *lig.* 2 demie, *lif.* demi
Pag. 75 *au commencement de la premiére ligne, il y a* d, *lif.* c.

Texte détérioré — reliure défectueuse

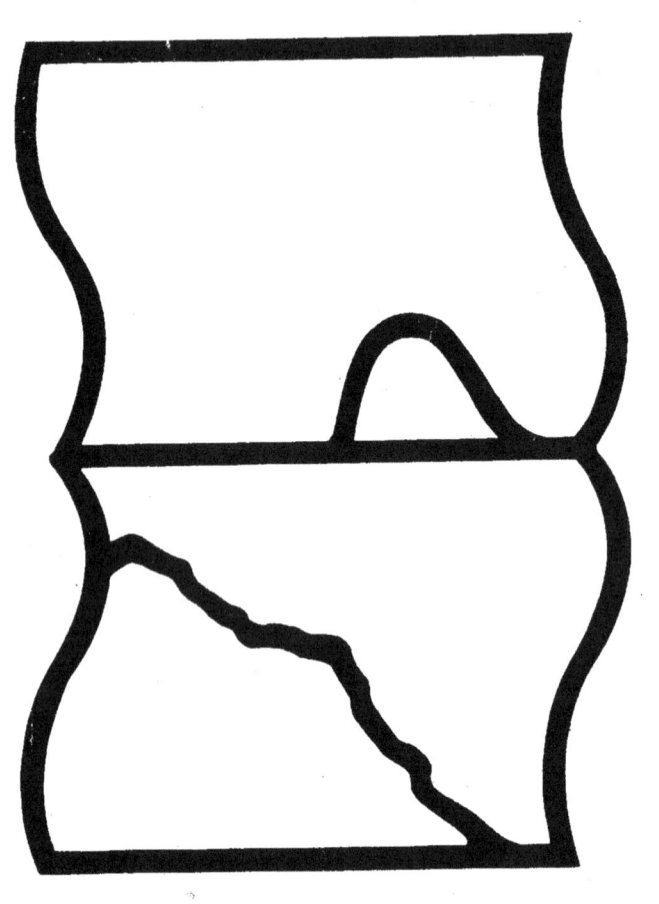

Contraste insuffisant

www.ingramcontent.com/pod-product-compliance
Lightning Source LLC
Chambersburg PA
CBHW060206100426
42744CB00007B/1188